AUF DER ARCHE IST DER JAGUAR VEGETARIER

Und andere biblische Geschichten

AUF DER ARCHE IST DER JAGUAR VEGETARIER

UND ANDERE BIBLISCHE GESCHICHTEN

*Neu erzählt von Sibylle Berg,
Alina Bronsky, Thomas Brussig,
Anne Buhrfeind, Arno Geiger,
Wladimir Kaminer, Margot Käßmann,
Claudia Kleinert, Roger Willemsen*

edition ✣ chrismon

INHALT

DAS LEBEN
IST KEIN JOGHURT

Dem Aschengott war es langweilig. Er konnte alles, hatte aber zu nichts Lust. Er wusste, alles ist aus Asche und nichts währt lange. Er hatte bereits eine Ewigkeit hinter sich gebracht, hatte eine Ewigkeit vor sich. Wie soll man so viel Zeit vertreiben? Und so beschloss der Aschengott Kunst zu machen, ein Schöpfer zu sein. Am Anfang seiner Schöpfung war das Wort. »Mehr Licht!«, sagte er und schuf aus der Asche die Sonne und den Mond.

Sofort bereute er seine Kunst. Eine öde Landschaft öffnete sich vor Gottes Augen, egal in welche Richtung er schaute, es war nichts außer Asche zu sehen. Weltraum-staub flog durch die Gegend, schwarze Löcher überall. »Das geht so nicht«, schüttelte Gott den Kopf. Einmal an-gefangen, schöpferisch tätig zu sein, konnte er nur schwer damit aufhören. Nach und nach verwandelte er das Chaos um sich herum in blühende Landschaften. Er schuf einen blauen Himmel mit Wolken und vielen Planeten. Unter anderem die Erde, die ihm besonders gut gelungen war. Ein schnuckeliger Planet mit Wäldern, Bergen und einem Südpol und einem Nordpol.

Um etwas Bewegung in die Sache zu bringen, ließ Gott den Mond um die Erde kreisen, die Erde um die Sonne und die Sonne um sich selbst. Dabei drehte sich Gott in entge-gengesetzte Richtung. Es war ein herrlicher Tanz. Alles war in Bewegung und Gott fing an, seine Schöpfung zu mögen. Eine halbe Ewigkeit später besorgte sich Gott ein Mikro-skop und begann, sich um die kleinen Dinge zu kümmern. Gott schuf Amöben und Mikroben und andere wunderbare Kleinstlebewesen. Auf den Nordpol setzte er Eisbären, auf den Südpol Pinguine, die lustige Lieder sangen. Bunte Schlangen schaukelten auf langen Beinen durch die Wüste, im Himmel flogen die Krokodile. In den Wäldern siedelte Gott Riesenameisen und Milchbären an sowie kleine silberne Vögel ohne Namen, die auf goldfarbenen Rhodo-dendren saßen und mit tiefen Stimmen Witze über die Schöpfung zwitscherten. Am siebten Tag der Schöpfung lag Gott im Schaukelnetz, das er auf der Ostseite der Erde zwischen den Polen gespannt hatte. Ein warmer Regen tropfte runter. Die Sonne schien, der Mond auch. Ein Schwarm fliegender Krokodile flog von der Sonne zum Mond und zurück. »Wie wenig braucht ein Gott doch, um glücklich zu sein«, dachte er und schloss die Augen.

Doch kaum tat er das, hörten die Krokodile sofort auf zu fliegen und die silbernen Vögel sangen nur noch wirres Durcheinander, statt Witze zu erzählen. Und die Pinguine liefen vom Südpol zum Kap der Guten Hoffnung. Die ganze Schöpfung war durcheinander. Die Tiere erwiesen sich zwar als nett, aber auch als extrem unkooperativ. Kaum drehte sich Gott weg, ging nichts mehr. Die Krokodile fielen vom Himmel ins Wasser, die Pinguine steckten im Stau und die Milchbären gaben keine Milch mehr. Sogar die Sonne und der Mond gingen auf Sparprogramm, drehten sich kaum mehr und leuchteten bloß noch mit halber Kraft.

Die Begeisterung allen Lebens verflog schnell. All den Wesen mangelte es an Respekt vor der Schöpfung und es fehlten ihnen die Ziele, wofür es sich zu fliegen, zu leuchten, Milch zu geben lohnte. Gott überlegte, was zu tun sei. Er hatte zwar noch eine halbe Ewigkeit Zeit, aber die Vorstellung, diese halbe Ewigkeit auf der Erde in diesem Gartendurcheinander zu verbringen, bereitete ihm Grauen. Er fühlte sich von seiner eigenen Schöpfung überfordert.

Gott brauchte einen Gartenfreund, einen Hausmeister, jemanden, der in seiner Abwesenheit die Arbeit im Garten übernahm und ihm half, das Gesamtkunstwerk unter Kontrolle zu halten.

Fast die ganze Asche hatte Gott bereits aufgebraucht. Er kratzte noch etwas aus den Ecken des Universums zusammen und schuf Adam. Dabei atmete Gott ihm eine unsterbliche Seele ein, damit er Zeit hatte, Adam alles in Ruhe zu erklären. Damit er ihm alles zeigen und sich vergewissern konnte, dass Adam ihn auch wirklich verstanden hatte. Denn Gott hatte durch seine Schöpfung auch etwas erkannt. Er wollte nicht nur fliegende Krokodile und silberne Vögel. Er sehnte sich nach einem intelligenten und freundlichen Wesen, das zu einem tiefgründigen Gespräch über die Probleme der Welt fähig sein sollte. Aber zu schlau sollte das Wesen natürlich auch nicht sein. Denn schlaue Wesen können noch nerviger als fliegende Krokodile sein. Adam machte auf Gott einen sehr guten Eindruck, er war höflich, freundlich und diskret, sagte »Bitte« und »Danke« und hing Gott ständig an den Lippen. Er betete ihn buchstäblich an. Ständig bedankte sich Adam bei Gott für seine Schöpfung und sagte »Gott sei Dank« und Ähnliches.

Gott präsentierte Adam die ganze Gartenanlage, klärte ihn über die Pflanzen und die Tiere auf, zeigte ihm die Pinguine, die Krokodile, die vielen verschiedenen

Pflanzen – die goldfarbenen Rhododendren, Fruchtbäume, die damals anders als heute nicht nur im Sommer, sondern das ganze Jahr über Früchte trugen. Es war immer Sommer im Paradies. »Du kannst praktisch alles essen. Außer diesen Früchten«, sagte Gott zu Adam und zeigte auf den Baum der Erkenntnis. An diesem Baum hingen Früchte in den unterschiedlichsten Formen und buntesten Farben. Manche sahen schmackhaft und manche eklig aus. Nicht einmal Gott kannte den Geschmack aller dieser Früchte. Der Baum der Erkenntnis war die größte Attraktion im Paradies: Überraschungsbaum genannt. Er entwickelte Früchte, die jeden Tag anders schmeckten, manchmal himmlisch gut und manchmal ganz scheußlich.

Alle Lebewesen klebten an diesem Baum, als sei er aus Schokolade, und naschten und naschten vom Baum der Erkenntnis. Und je mehr Erkenntnisse sie bekamen, desto dümmer und ärmer fühlten sie sich und konnten die vielen Erkenntnisse gar nicht aushalten. Gott wollte die Lebewesen vor dem Baum der Erkenntnis schützen. Er wusste, alles ist aus Asche und wird zu Asche und jede neue Erkenntnis darüber mehrt nur den Kummer und den Schmerz.

Adam war ein netter Kerl. Es wäre schade, wenn er unter dem Baum der Erkenntnis leiden würde, dachte Gott und wiederholte: »Von diesem Baum darfst du aber auf keinen Fall essen. Die erste Frucht dieses Baums bringt immerhin Verzweiflung, die zweite ganz sicher den Tod. Und laut meiner Wahrscheinlichkeitstheorie wirst du beim ersten Mal vermutlich und beim zweiten Mal ganz bestimmt die tödliche Frucht erwischen.«

Gott schätzte die Früchte vom besagten Baum sehr, sie machten ihn neugierig aufs Leben. Jedes Mal schmeckten sie anders, mal süß, mal bitter, mal gar nicht, mal sauer und mal scharf, nur eins waren sie nie – langweilig. Von allen Bäumen, die Gott geschaffen hatte, und es waren, wie Gott wusste, ganz schön viele Bäume, war der Baum der Erkenntnis sein Lieblingsbaum. Auch deswegen drohte Gott Adam mit dem Tod, um ihm genug Angst einzujagen, damit er sich vom Lieblingsbaum des Schöpfers fernhielt. Adam verstand diese Drohung nicht, denn er hatte keine Angst vor dem Tod. Er selber war noch nie tot gewesen, auch niemand aus seinem Umkreis, von seinen Familienangehörigen oder Freunden – er hatte keine. Aber er tat so, als würde er ganz große Angst bekommen und schüttelte aus Höflichkeit heftig den Kopf, um Gott nicht zu ärgern. Immerhin hatte Gott höchstpersönlich Adam aus der Asche erschaffen. Und dafür zollte Adam ihm großen Respekt.

Er wollte Gott gleich sein oder zumindest ähnlich. Deswegen machte Adam anfangs auch viel Kunst. Er sang und malte, schrieb Gedichte und las sie laut vor. Fast immer ging es in Adams Gedichten und Zeichnungen um

Gott. Er zeichnete ihn und pries seine Weisheit. Dabei war Gott auf den Bildern völlig unkenntlich und saß immer neben Adam. Die Bilder nannte Adam »Mein Gott und ich« und Ähnliches. Adam hielt sich und nicht die fliegenden Krokodile für die Krönung der Schöpfung und Gott wollte ihn nicht enttäuschen und ließ ihn in dem Glauben und lobte Adams Werke.

Adam schrieb Gedichte: »Oh du, lieber Gott, mein Vater! Du bist der Größte an jedem Tisch. Du schufst die Sonne und die Erde. Und zwischendurch auch mich.« Adam klebte wie ein kleiner Junge an Gottes Fersen. Irgendwie war das verständlich, denn außer mit Gott konnte Adam mit niemandem reden. Die Ameisen, die Milchbären, die fliegenden Krokodile – sie konnten zwar alles verstehen, aber sie sagten nie was. Nur die Schlange auf langen dünnen Beinen konnte reden. Sie spielte ab und zu mit Adam Versteck und dreimal sprach sie ihn an. Sie stellte ihm drei Fragen: »Wie geht's?«, »Wie spät ist es?« und »Was willst du mal werden?«. Alle drei Fragen ließ Adam unbeantwortet. Er verstand die Fragen nicht, hielt die Schlange für angeberisch und überintelligent. Adam brauchte einen Gesprächspartner, dem er gewachsen war, jemanden auf seinem Niveau.

Gott versetzte Adam in einen kurzen, tiefen Schlaf, holte aus dessen linker Seite eine Rippe, rieb die Finger zweimal drüber, sagte ein geheimes Zauberwort und

Adams Rippe verwandelte sich in eine Frau. Diese hieß Eva und sah fast genauso aus wie Adam – nur hübscher und mit längeren Haaren. Ihre Haut war blass und geschmeidig und makellos. Eigentlich war Eva ein besserer Adam. Diese grandiose Schöpfung sorgte auch in der Tierwelt für Furore. Die silbernen Vögel sangen im Chor »Wow!« und ein Schwarm fliegender Krokodile flog vor Begeisterung gegen einen Baum. Gottes neue Schöpfung Eva sollte Adam überallhin folgen, ihm helfen, den Müll im Paradies zu entsorgen, die Tiere zu füttern und Adam in der Freizeit mit lustigen Geschichten unterhalten. Als Adam wieder aufwachte und Eva sah, war er außer sich vor Freude. Gott hatte ihm zwar schon angekündigt, dass er bald nicht mehr allein zum Bärenmelken in den Wald gehen müsse. Er hatte also schon etwas Ähnliches erwartet. Aber doch nicht SO WAS! Kurzum, Adam war von Eva überwältigt. Sofort hörte er auf, Gedichte über Gott zu schreiben oder ihn zu malen. Er malte und besang nur noch Eva. Adam klebte an seiner Frau Tag und Nacht und vergaß sogar mit der Schlange Versteck zu spielen.

Einmal versteckte die Schlange sich hinter dem Baum der Erkenntnis und wartete dann eine ganze Woche darauf, dass Adam sie finden würde. Dieser dachte aber gar nicht daran und spielte lieber mit seiner Frau Mensch, ärgere dich nicht. Eva spielte schlecht Mensch, ärgere dich nicht, und sagte zu allem »Oh Gott!« und »Echt wahr?«

und sie lachte dabei unvermittelt und zeigte ihre schönen weißen Zähne. Sie war tatsächlich hübsch.

Eines Tages saß Eva ganz allein unter dem Baum der Erkenntnis und langweilte sich. Adam war gerade Pinguine füttern. Da ritt die Schlange auf sie zu. Sie war stocksauer auf die beiden Menschen, weil sie nicht mit ihr spielen wollten. Sie ließ es sich aber nicht anmerken. »Warum eigentlich«, fragte die Schlange, »dürft ihr Menschen von allen Bäumen hier etwas essen, nur vom Baum der Erkenntnis nicht? Wo doch jedes Lebewesen auf dem Planeten schon längst von diesem Baum genascht und erkannt hat, dass die Früchte von diesem Baum am besten schmecken?« Eva schwieg. »Gott erzählte euch wahrscheinlich, ihr werdet auf der Stelle sterben, wenn ihr die Früchte von diesem Baum probiert. Das ist eine Lüge!«, fuhr die Schlange fort. »Er will doch nur seine Lieblingsfrüchte ganz für sich allein haben, weil er ein Geizhals und Erbsenzähler ist!«, zischte die Schlange. »Ist das wahr?«, wunderte sich Eva und ihre schönen Augen wurden ganz rund. »Wetten, dass ich recht habe?«, stichelte die Schlange. »Wir wetten«, sagte Eva. Und sie aß eine verbotene Frucht vom Baum der Erkenntnis.

Sie aß, schaute sich um und bevor sie mit der Frucht fertig war, löste sich ihre gute Laune auf. Auf einmal war die Welt um sie herum nur noch hässlich. Und statt in einem Paradies voller freundlicher Tiere und schöner

Pflanzen befand sie sich in einer merkwürdigen wirren Welt, nackt unter einem Baum sitzend, verheiratet mit einem Neandertaler und ihre einzige Freundin war eine Schlange. »Schöne Bescherung!«, dachte Eva verzweifelt. Sie riss schnell ein Paar Blätter vom Baum der Erkenntnis ab, machte so etwas wie einen Minirock daraus und zog ihn an. Dann schnitt sie sich die Haare und nahm ein langes Bad.

Als Adam zurückkam, erkannte er seine Eva erst gar nicht wieder, so verändert sah sie aus. Und Eva bedrängte ihn deswegen, ebenfalls eine Frucht vom Baum der Erkenntnis zu essen. Adam tat es, schaute sich um und schämte sich furchtbar. Eva war auf diese Reaktion vorbereitet. Sie hatte ihm bereits aus Palmenblättern eine Hose zusammengewickelt, damit er nicht weiter nackt in der Gegend herumlaufen musste. Danach überlegten sie gemeinsam, wie es weitergehen sollte. Adam erwies sich plötzlich als Fatalist. Er glaubte an das Schicksal, das alles bestimmt, er glaubte an Gott und eine höhere Kraft. »Man muss mit dem zufrieden sein, was man hat«, philosophierte er. »Du kannst dir dein Leben nicht aussuchen, du kannst niemandem sagen, nein danke, es schmeckt mir nicht, bitte ein anderes. Das Leben ist kein Joghurt und wir sind nicht im Supermarkt. Lass uns das, was wir nicht ändern können, genießen«, sagte Adam und umarmte Eva. »Lass mich in Ruhe«, protestierte Eva. »Lass uns genießen, was wir nicht ändern können. Du hast nicht einmal versucht, etwas zu ändern. Wir müssen auf jeden Fall mit Gott reden. Wir brauchen andere Lebensbedingungen, so geht es nicht weiter«, stellte Eva fest.

Am nächsten Tag, als Gott das Pärchen besuchte, erkannte er bereits an ihrem Aussehen das Problem und geriet außer sich vor Zorn. Adam versteckte sich vor Angst hinter einem Baum und die Schlange grub sich im Sand ein. Nur Eva hatte keine Angst, sie war gerade mit ihrer ersten Maniküre aus Naturfarbenlack fertig und zeigte Gott stolz ihre Hände. »Das geht so nicht, Gott, du kannst uns nicht nackt in Deinem Garten hocken lassen, wir sind schließlich keine Hühner«, sagte Eva zu Gott. »Wer hat dir denn das erzählt, dass ihr nackt seid?«, fragte Gott erbost. »Kann es sein, dass ihr vom Baum der Erkenntnis gegessen habt und nun endgültig zu der Sorte Lebewesen gehört, denen nichts in meinem Paradies gefällt? Die denken, die ganze Welt wurde nur ihnen zuliebe erschaffen?«

Gott geriet immer mehr in Rage. »Ihr denkt wohl, ich habe nichts Besseres zu tun, als mit euch über eure Lebensbedingungen zu diskutieren?« »Wir haben keine Schuld!«, petzte Adam. »Es war die Schlange! Sie hat Eva verführt und Eva mich!« »Raus hier, ab nach Sibirien!«, fluchte Gott. Sein Zorn war groß und seine Rache gruselig. Zuerst grub er die Schlange aus und riss ihr alle 44 Beine aus. Eines nach dem anderen. Es tat höllisch weh. Die Schlange durfte ab sofort und ihr Leben lang nur noch auf dem Bauch kriechen. »Alle werden sich vor dir ekeln, du wirst dich von Mücken, Fröschen und Mäusen ernähren und fremde Kinder werden Steine nach dir schmeißen«, prophezeite Gott der Schlange.

»Und nun zu dir, Eva. Unter Schmerzen wirst du Kinder zur Welt bringen, die Tag und Nacht schreien und immerzu dieses oder jenes wollen.« »Und du, Adam, dafür dass du nicht auf mich gehört hast, sondern auf die Frau, wirst du für immer unter ihrer Herrschaft bleiben. Soll doch die Frau mit dir tun und machen, was sie will. Und ich sehe es voraus, sie will viel und du wirst im Schweiße deines Angesichts euer Brot verdienen. Ich gebe euch 10 Sekunden Zeit um eure Sachen, haha, dass ich nicht lache, eure Palmenblätter und das andere nutzlose Zeug zu packen. Und dann raus aus dem Paradies!« Eva machte die ganze Zeit, während Gott sprach, komische Grimassen, rollte mit den Augen und rief »Oh Gott!« und »Lass uns gehen, Adam!«. Adam stand neben ihr und lächelte nervös. Er wirkte betroffen, doch in der Tiefe seiner unsterblichen Seele war er eigentlich froh, dass endlich etwas passierte in seinem Leben. In Gottes Paradies zu sitzen, Kunst zu machen, sich Weisheiten anzuhören und die Tierchen zu füttern, ist auf alle Ewigkeit doch etwas eintönig, fand Adam. Sagte es aber nicht laut. Nur kurz vor dem Tor drehte er sich noch einmal um, winkte Gott mit der Hand und sagte: »Tschüs.« »Auf Wiedersehen!«, sangen ihm die fliegenden Krokodile hinterher, die um die goldfarbenen Rhododendren flogen. »Ciao!«, echoten die Pinguine vom Südpol und die kleinen silbernen Vögel sagten: »Bye, bye und Adieu!« Gott schwieg.

Er fühlte sich von Menschen irgendwie enttäuscht und mutmaßte, sie würden sicher zurückkommen. Sie würden ihn auf Knien anbetteln, sie wieder in das Paradies zu lassen. Er werde aber ganz streng sein und sie nicht mehr reinlassen. Sie aber werden immer wiederkommen, und sie werden verzweifelt versuchen über den Zaun zu klettern. Er aber würde einen Türsteher, einen Engel mit einem Lichtschwert, vor dem Gartentor platzieren, der seine Gartenanlage vor Eindringlingen schützt. Und dann stellte er tatsächlich aus dieser Laune heraus einen Türsteherengel zur Sicherheit auf und wies ihn an, niemanden reinzulassen. Aber die Menschen kamen nicht wieder zurück.

*Claudia Kleinert &
Anne Buhrfeind erzählen
eine Geschichte von Noah*

AUF DER ARCHE
IST DER JAGUAR
VEGETARIER

Als Karla Kuh und Billy Bergi aus dem Fernsehstall kommen, ist die Sonne schon fast untergegangen. Ein milchiger Dunst liegt in der Luft. Es ist still. Aber auf Hiddensee ist es eigentlich nie besonders laut. Manchmal hört man die Schiffe auf der Ostsee brummen, die Flugzeuge brummen noch leiser, und die großen Straßen sind weit entfernt, irgendwo auf dem Festland.

»Mist«, sagt Karla, »ich glaube, jetzt haben sie echt Mist gebaut, die Menschen.«

»Die Menschen?«, fragt Billy. »Wieso die Menschen? Ich dachte, Kühe machen Mist. Ist das nicht diese eklige Mischung aus Stroh und Ka…, ähem, ich meine Kuhfladen, wo drauf dann später Pilze wachsen?« Billy Bergi, der Bergschimpanse, turnt jeden Abend hinter Karla her, auf dem Nachhauseweg. Manchmal schwingt er sich auch auf ihren Rücken, und wenn Karla dann stehen bleibt, um einen schönen Fladen plumpsen zu lassen, hält er sich schimpfend die Nase zu.

»Nee«, sagt Karla, »ich meine richtigen Mist. Gefährlichen Mist. Es ist was Schlimmes passiert, ein Deich ist gebrochen, ein Kraftwerk geplatzt oder eine Filzpantoffelfabrik explodiert. Ich konnte es mir nicht merken, du weißt ja, mein Kurzzeitgedächtnis. Aber in den Nachrichten haben sie gesagt, wir müssen alle weg. Wir müssen uns retten.«

»Au ja«, sagt Billy. »Auf die Bäume. Nur gibt's ja davon auf dieser Insel so wenig. Die paar Kiefern, das lohnt ja nicht. Aber jetzt mal im Ernst. Wir müssen was tun. Wo sind die anderen?«

Die anderen tun, was man so tut, als Tier. Sie sind auf der Insel unterwegs, liegen irgendwo und schlafen, machen einen Spaziergang oder Hausaufgaben, oder sie sitzen vorm Fernseher. Auf Hiddensee leben viele Tiere, und es gibt viel Platz, nur leider haben noch nicht alle ein Handy, so dass man sich nicht so leicht verabreden kann.

Hiddensee ist technisch gesehen insgesamt noch etwas rückständig. Karla Kuh zum Beispiel lernt gerade erst, mit vier Hufen zu tippen. Aber sonst ist sie eigentlich ganz gut zu gebrauchen, abgesehen von ihrem Gedächtnis. Sie kann sich nicht mal die Namen von allen Tieren in dieser Geschichte merken. Immerhin weiß Karla, wie ihre beste Freundin heißt.

»Schick mal Gabi eine SMS. Die hat bestimmt eine Idee.« Aber Gabi Giraffe braucht keine SMS. »Siehst du«, sagt Billy. »Da kommt sie schon.« Gabis Beine sind so lang und so schlank vom vielen Joggen, dass sie von der Hiddenseer Steppe bis an den Strand bloß sieben Schritte braucht.

»Oh«, sagt Gabi, »vielleicht wird das ein Hurrikan. Oder eine Sintflut. Noah. Wo ist Noah? Der kennt sich mit so was aus!« »Ach ja, Noah«, sagt Billy. »Stimmt. Weißt du noch, damals? Als die Wasser stiegen und stiegen und Noah das große Schiff gebaut hat?« »Klar«, erwidert Gabi und reckt ihren Hals. »Schade«, sagt Billy, »dass er im Urlaub ist.«

Noah ist zum Golf spielen nach Mallorca geflogen. Nur für zehn Tage, alles inklusive, aber so lange können die Tiere nicht warten, das weiß Karla noch aus den Nachrichten. Es muss etwas passieren, bald. Bloß was?

Inzwischen sind noch mehr Tiere an den Strand gekommen. Manchen hatte Billy eine Nachricht geschickt, andere haben im Fernsehen von der Gefahr gehört. Kai Krokodil kann sehr gut hören, angeblich sogar das Gras, wenn es wächst, und wachsende Gefahr natürlich sowieso. Fritz Fledermaus, der sonst immer mit Kai darüber streitet, wer die besseren Ohren hat, ist gerade erst aufgewacht, er hat den ganzen Tag verschlafen – »ich bin nachtaktiv«, fiepst Fritz, »ich darf das!« Stefan Streifenhörnchen stupst seinen Nachbarn an: Christoph Chamäleon färbt sich abwechselnd krautgrün und sandfarben vor Aufregung. Nils Nasenbär hatte sich gerade zum sechsten Level von irgend etwas hochgespielt und hätte wieder mal nichts mitbekommen, wenn ihn nicht Hannes Hahn aufgescheucht hätte. Aber jetzt gibt es sofort was zu tun. »Nils«, kräht Hannes, »du läufst über die Insel und sammelst die anderen ein.« Das lässt sich Nils nicht zweimal sagen. »Große Tierversammlung am Strand! Alle Tiere zum Strand! Krisensitzung der Tiere, alle Tiere zum Strand!«

Felix Feldmaus hat Mühe, seine Beinchen für jeden Schritt aus dem weichen Sand zu ziehen und dabei auch noch aufzupassen, dass er nicht unter die großen Füße von Ella gerät, der dicken Elefantin. Gut, dass er viel fixer ist als sie. Jan Jaguar stöhnt: »Das wird böse enden!« Luise Laubfrosch protestiert gegen den Versammlungsort: »Viel zu trocken hier für mich!« »Warte ab«, sagt Billy. »Es wird noch alles nass genug.« Klaus Kreuzotter möchte lieber weiter Harry Potter lesen, und außerdem friert er, und überhaupt nerven ihn die anderen Tiere. Vor allem Christoph Chamäleon, weil der sich immer so aufregt. Aber jetzt regt sich Klaus auch auf. »Wir sind überhaupt zu viele für eine anständige Versammlung. Und alle reden durcheinander. Und keiner weiß, was los ist.«

Das will Billy jetzt nicht hören. »Wir halten zusammen und tun, was Noah damals getan hat, denn Noah ist nicht da.« Jan Jaguar, der immer als letzter kommt und als erster die Klappe aufmacht, ist jetzt aber mal wirklich dran. »Wer hat denn überhaupt Schuld an der Sache, wir müssen erst mal die Schuldigen finden, und dann müssen wir die verklagen und Schadenersatz fordern ...«

»Papperlapapp«, erklärt Gabi. »Hast du deine Ohren in den Kissen vergessen? Handeln heißt die Devise! Abreisen! Ich packe schon mal meine Wimperntusche in den Kosmetikkoffer. »Super«, ruft Paul, der Pinguin. »Wir machen eine Reise! Ich will nach Nicaragua!« – »Nein, wir fahren nach England«, zischt Klaus Kreuzotter. »Wir suchen Harry Potter!«

»Sollen wir etwa wieder eine Arche bauen?« Ella ist schon so alt, sie kann sich noch ganz dunkel an die Geschichte erinnern. Eine große Flut, ein großes Schiff, viele Tiere. Und Noah. Dann kam die Taube.

Christoph Chamäleon ist für ein zeitgemäßeres Verkehrsmittel. »Warum nehmen wir uns keinen Hubschrauber? Wie neulich die Menschen, als die Ostsee zugefroren war?«

»Weil Ella Flugangst hat. Weißt du doch«, erinnert ihn Billy.

Am nächsten Morgen hängen schon tiefgraue Wolken am Himmel, während Hannes Hahn die Aufgaben verteilt. »Jan Jaguar geht Bäume fällen. Ella schleppt die Bäume hierher an den Strand. Wo ist überhaupt das Pferd, hat jemand Charly Schimmel gesehen? Christoph, du hilfst ihnen.« »Nein, ich will die Arche anmalen«, meckert Christoph Chamäleon. »Gelb wie Sand, grün wie das Land und rot wie der Hintern von Billy Bergi!«

Nun ist Billy zwar kein Pavian, sondern ein Berg-schimpanse. Aber solche Frechheiten von den Kleinen ist er schon gewöhnt. Das lässt ihn kalt. Lieber hilft er Ella beim Bäumetragen. Am Strand sägen die Tiere und häm-mern, und Gabi Giraffe will unbedingt ein Einzelzimmer, und Nils Nasenbär will immer nur spielen, und Klaus Kreuzotter spielt mit ihm »Wir bauen Fenster«. Sie alle bauen Fenster und Türen, eine Ruderanlage und einen Motor und vorsichtshalber auch noch einen Mast für ein Segel. Hannes Hahn passt auf, dass sich niemand langweilt. »Hey, Hannes«, sagt Luise Laubfrosch, »du kannst mir ruhig mal helfen beim Messingputzen für die Türbeschläge.«

Klinken putzen! Das macht Hannes gern, außerdem hat er Luise gern. Aber kaum lässt er die Truppe aus den Augen, da legt Jan Jaguar den Hammer hin. »Das hat doch alles keinen Sinn«, sagt er. »Das wird doch nie was. Wir

werden alle untergehen. Und ich kann nicht schwimmen.«
Und außerdem hat er Hunger.

Daran hat Billy Bergi auch schon gedacht. An so was denkt er. Längst turnt er über die Bäume der Insel, soweit sie noch nicht abgesägt sind, und sammelt, was ihm essbar erscheint. Äpfel, Nüsse, Bananen. Leider gibt es auf Hiddensee viel mehr Äpfel als Bananen. Karla Kuh macht auch Proviant. Sie frisst und frisst, frisches Gras. Dann setzt sie sich gemütlich hin und käut wieder, das ist so üblich bei Kühen. Sie fressen, dann rutscht das Zeug in den Magen, dann rutscht es wieder hoch, und sie kauen noch mal drauf herum. Nun erhebt sich Karla wieder, zuerst die Hinterbeine, dann die Vorderbeine. Auch das ist bei Kühen so üblich. Karla spuckt jetzt das ganze Zeug platzsparend in Plastikdosen und fertig. Sie hat schon die halbe Wiese verarbeitet und in Dosen verpackt und sauber am Wiesenrand aufgestapelt. Billy schnippelt Obstsalat, für die Vitamine. Auf der Arche müssen sie alle Vegetarier werden, das steht schon mal fest.

Jan Jaguar kriegt beim Anblick von so viel Grünfutter noch schlechtere Laune und schleicht sich vorsichtig davon. Irgendwo wird er noch was Richtiges zu fressen finden, auf Vorrat!

Die anderen Tiere gucken ihm besorgt nach. »Lasst ihn«, sagt Felix Feldmaus. »Der kommt schon wieder. Der braucht jetzt mal seine Ruhe.«

»Und wir«, sagt Paul Pinguin, »wir brauchen jetzt Gott-vertrauen und Lieder.« Denn die Stimmung der Tiere ist plötzlich auf dem Tiefpunkt. Jans Grübelei ist ansteckend, und Nachdenken ist nicht immer gut für die Laune. Ob-wohl: wichtig ist es auch. Paul aber weiß: Die Arche muss fertig werden, und dafür ist Singen besser als Grübeln.

»Zwei, drei, vier«, zählt Paul vor, und dann schmettern alle mit: »Fährt ein weißes Schiff nach Hongkong, hab ich Sehnsucht nach der Ferne ...« »Yippee«, wiehert Charly Schimmel, »mein Lieblingslied! Schifft ein weißes Pferd nach Hongkong ...« Dann singen sie noch das Lied vom Hamburger Veermaster und »My Bonnie is over the ocean«, und zwischendurch treibt Hannes Hahn alle wieder zum Arbeiten an.

»Nimm mich mit, Kapitän, auf die Reise ...«, flötet die schöne Gabi von oben herab und schlenkert mit ihren Giraffenbeinen. »Apropos. Wer ist eigentlich unser Kapi-tän?«

»Wer am besten Kommandos geben kann! Hannes Hahn!«, ruft Nils Nasenbär. Als Hannes das hört, wird sein roter Hahnenkamm noch ein bisschen roter und größer. Christoph Chamäleon schlägt sich selber vor, und Billy Ber-gi turnt schweigend die Masten der Arche hoch – er weiß: Egal, wer Kapitän wird, er, Billy, wird ihm sagen, wo es langgeht. Luise Laubfrosch findet, eine Frau sollte jetzt mal Chef sein, und will Gabi Giraffe wählen. Aber die möchte sich an Bord lieber um das Schönheitsprogramm kümmern als um den Kurs. Jan Jaguar äußert noch einmal seine Zweifel an der ganzen Arche-Sache. »Können wir nicht einfach beten?« – »Können wir machen«, erwidert Paul Pinguin, »pass auf, ich erzähle dir einen Witz. Felix wollte so gern im Lotto gewinnen. Also betet er abends: Lieber Gott, lass mich bitte im Lotto gewinnen. In der nächsten Woche auch: Lieber Gott, lass mich bitte im Lotto gewinnen. 17 Wochen lang. Als er in der 18. Woche wieder betet: Lieber Gott, lass mich bitte im Lotto gewinnen – da geht oben in den Wolken ein Fenster auf, Gott schaut heraus und er sagt: Felix, gib mir eine Chance! Füll endlich einen Lottoschein aus!« »Genau«, sagt Billy Bergi. »Wir müssen Gott eine Chance geben, uns zu retten. Ohne Arche keine Rettung.« Trotzdem hebt er vorsichtshalber noch einmal seinen Kopf, um einen Blick in die Wolken zu werfen. Vielleicht … Aber nein: die graue Wolkendecke bleibt fest geschlossen.

Immerhin, die Arche sieht schon aus wie ein richtiges Schiff. Oder wenigstens wie eine richtige Arche. Wo soll es überhaupt hingehen? Klaus Kreuzotter will wieder nach England, aber Billy hat den besseren Vorschlag: »Wir fahren nach Mallorca und sammeln Noah auf, und bis dahin wird Hannes unser Kapitän.«

Bevor jemand anfangen kann zu murren, stellt Hannes schon die Mannschaft zusammen. Karla Kuh kommt in die Kombüse, mit all den Plastikdosen. Luise Laubfrosch wird erster Offizier, wegen der Frauenquote. Nils Nasenbär muss sich Spiele ausdenken, die ohne Strom funktionieren. Christoph Chamäleon macht die Rezeption. Paul Pinguin wird der Bord-Pastor. Klaus Kreuzotter kümmert sich um die Bibliothek. Gabi Giraffe übernimmt die Navigation, weil sie am weitesten gucken kann. Und Jan Jaguar bearbeitet die Beschwerden der Passagiere. Felix Feldmaus ist der Moses.

»Moses, was ist denn das?«, fragt er. »Seemannssprache«, belehrt ihn Hannes. »So nennt man den Jüngsten an Bord. Das ist doch ein guter Job, oder? Der Jüngste, die Zukunft! Irgendwann wirst du auch mal Kapitän.«

Damit ist Felix zufrieden. Jan Jaguar soll aufpassen, dass wirklich alle an Bord kommen. Er schreibt gleich eine SMS an alle, auch an die Fliegen, die noch auf den Fladen von Karla Kuh sitzen, und an die Spinnen, die auf ihren Netzen Harfe spielen.

»Müssen die auch mit?«, fragt Christoph Chamäleon. »Und auch die Mücken? Die ärgern uns doch bloß!«

»Fang jetzt nicht so an«, schimpft Billy. »Wir brauchen jeden. Aber jetzt, wo du es sagst, da frag' ich mich auch: Wozu brauchen wir eigentlich ein Chamäleon?« – »Ha, um die Mücken zu essen!« Billy schüttelt den Kopf. »Wir essen fleischlos an Bord, und wir trennen den Müll. Ordnung muss sein!« Das werden wir ja sehen, denkt Christoph, aber er hält lieber den Mund. Inzwischen kommen alle Tiere an Bord. Jan passt auf, dass keiner fehlt.

»Wo ist eigentlich der Wombat?«, fragt Jan. »Der WER?«, Christoph Chamäleon lacht. »Wombat! Sowas gibt es doch gar nicht auf Hiddensee«, belehrt er den Jaguar. »Wombats sind australische Plumpbeutler, du Ahnungsloser, die kommen hier weit und breit nicht vor!« Ach so. Na dann. Jan versucht trotzdem, den Überblick zu behalten, während sich jeder auf dem Schiff sein Plätzchen sucht. Gabi Giraffe bezieht ihr Einzelzimmer, Karla Kuh verzieht sich in die Kombüse, Luise Laubfrosch jammert, weil sie ihr Kuscheltier vergessen hat. Hannes Hahn hat von den Möwen erfahren, dass der Kapitän eines richtigen Schiffes immer auf die »Brücke« gehört, und da steht er jetzt und hält das Ruder in der Hand. »Das Ruder ist das Steuer«, erklären ihm die Möwen. Die können tatsächlich noch viel mehr Seemannssprache als Hannes. Sie sind auch so nett, noch mal zurückzufliegen zu Luises Grashaus und ihr Kuscheltier zu holen. »Bitte, auch noch Batterien!«, brummt Nils Nasenbär ihnen hinterher.

Bevor die Arche wirklich startklar ist, müssen noch ein paar Kleinigkeiten geklärt werden. Karla Kuh und Billy Bergi haben sich ein letztes Mal in den Fernsehstall zurückgezogen, um die Sesamstraße und dann die Nachrichten zu gucken. Sintflutartige Regenfälle, Windstärke zehn an der Küste und echt hohe Wellen sagt die Wetterfee voraus.

Als Karla und Billy zurück zur Arche kommen, regnet es bereits, das Ostseewasser steigt, und es gibt schon wieder einen Streit zu schlichten. Nils Nasenbär will nur mit auf große Fahrt gehen, wenn in seiner Kajüte eine Steckdose für seinen Laptop ist. »Die kannst du kriegen«, sagt Karla. »Bloß keinen Strom.«

Endlich heißt es: »Leinen los!«, und die Arche nimmt Kurs auf Mallorca. Kapitän Hahn hält Wache auf der Brücke und das Ruder fest in der Hand. Karla kocht Grassuppe für alle, Billy rührt seinen Obstsalat um, Christoph fängt heimlich die Fliegen, Klaus Kreuzotter liest, und als alle Batterien von Gameboys und Handys leer sind, fangen auch die anderen an zu lesen. Wenn sie nicht gerade Lieder singen oder sich streiten oder die alten Geschichten von Ella Elefant anhören oder über den Regen jammern. Gabi erfährt von den Möwen, wie man die Schaumkronen auf dem Wasser richtig deutet, und alle sind froh, als die Wellen zwar höher werden, aber nicht wirklich gefährlich hoch. Manchmal kommt ein Sturm auf, aber dann geht er auch wieder, manchmal kommt ihnen ein weißes Schiff entgegen, das wahrscheinlich nach Hongkong unterwegs ist.

Die Arche von Hiddensee schippert von der Ostsee rund um Dänemark in die Nordsee und durch den Ärmelkanal in den Atlantik. Da werden die Wellen dann doch deutlich höher. Luise Laubfrosch fühlt sich seekrank und lernt, über die Reling zu spucken. »Immer mit dem Wind, nicht dagegen!«, rufen ihr die Möwen zu.

Hannes Hahn steuert die Arche vorsichtshalber immer in Küstennähe Richtung Süden, bis zur Straße von Gibraltar. Jetzt wird's eng. Aber die Affen, die dort auf den Felsen wohnen, winken den Käpt'n fachgerecht durch, bis ins Mittelmeer. Kaum haben die Tiere Spanien links hinter sich gelassen, kommt eine Insel in Sicht. Nicht so eine wie Hiddensee, nein, sie ist höher, und da wachsen auch keine Kopfweiden, sondern Palmen und Betten-burgen aus dem Sand. »Mallorca …«, murmelt Gabi, die das Wunder als erste sieht. Es ist hier auch überhaupt nicht mehr stürmisch, nicht einmal windig. Und über der Insel steht ein perfekter Regenbogen. Alle sieben Farben, oben rot, unten lila.

Noah lässt vor Schreck seinen Golfschläger fallen, als er die Arche entdeckt. »Billy!«, ruft er. »Karla! Hannes!«

»Großer Mist …«, sagt Billy. »Ein Unglück …«, sagt Gabi. »Die Flut!«, sagt Jan. »Die Sintflut«, ruft Paul. Alle Tiere reden durcheinander. Schlimmer noch als auf Hiddensee, als sie ihre Versammlung abhielten. Endlich versteht Noah, und er nickt ernst. »Großartig. Unglaublich. Dass ihr das geschafft habt. Dass ihr alle da seid.«

»Ja und?«, fiepst Felix Feldmaus. »Was ist denn jetzt mit der Sintflut?«

»Tja«, erklärt Noah. »Das ist so. Es gab eine hohe Flut,

das habe ich hier auch im Fernsehen gesehen. Ich habe mir große Sorgen um euch gemacht. Schließlich gibt es schreckliche Sturmfluten, die ganze Inseln mit sich nehmen. Aber eine Sintflut – nein, daran habe ich nicht gedacht. Eine Sintflut, das hieße: alles geht unter, alle Tiere, alle Menschen. Wisst ihr denn nicht mehr, wie die Geschichte damals zu Ende ging?« Da werden auch die klitzekleinen Augen von Ella ganz groß, und sie gräbt in ihrem Elefantengedächtnis. Da rührt sich etwas. Es bewegt sich ein winziges bisschen. Sie ist ja nicht mehr die Jüngste. Obwohl sie auf der Arche beim Memoryspielen mit Nils Nasenbär immer noch den Rüssel vorn hatte.

»Der Regenbogen!«, sagt sie.

»Genau. Der Regenbogen. Er ist das Versprechen. Er ist die Brücke, die Gott zu uns gebaut hat, als Zeichen seiner Verbindung. Zu jedem von uns.«

»Also gibt es keine Sintflut mehr, versprochen?«, fragt Mischa. »Versprochen!«, ruft plötzlich eine ganz tiefe Stimme von ganz oben. Noah und die Tiere blicken in den Himmel. Da oben in den Wolken ist ein Fenster aufgegangen, und Gott schaut heraus. »War aber eine super Aktion«, sagt er. Und: »Ich stell' jetzt auch den Strom wieder an …«

Thomas Brussig
erzählt eine Geschichte
von Babel

DER WURM AM TURM

Es war einmal vor langer Zeit, als der Wind noch nach Kuchen duftete, ein kleiner Tischler namens Nujut. Er hatte schwarze glänzende Haare und blau blitzende Augen, und seine Frau Abadalli ging jeden Tag zum Markt. Die Welt war damals noch sehr neu, und so konnte sie mit jedem neuen Tag auf dem Markt etwas sehen, das es noch nie zuvor gab, Pfirsiche zum Beispiel oder Kopfschmerztabletten oder Toilettenpapier. Und jeden Tag brachte sie etwas mit. Als es eines Tages Hosen gab, die ganz anders aussahen als noch am Tag zuvor, kaufte sie sogleich eine Hose für ihren Mann. »Schau mal, Nujut, die Hosen haben neuerdings Hosentaschen, vorn zwei und hinten zwei. Zieh sie doch gleich mal an!« Am nächsten Tag kaufte Abadalli Zahnpasta, am übernächsten Kiwis, dann Eierlöffel, einen Bilderrahmen und einen Schuhanzieher. Einmal kaufte sie sogar einen Notenständer, obwohl es noch gar keine Noten gab.

An dem Tag, an dem unsere Geschichte beginnt, kaufte Abadalli einen weißen Schal. »Schau mal, Nujut, heute haben sie auf dem Markt solche weichen kuscheligen Dinger verkauft. Sie nennen sie Schal. Die kann man um den Hals legen. Probier doch mal!« Nujut legte den Schal um seinen Hals. Abadalli war entzückt. »Das sieht wirklich schick aus! Diese Fransen! Und das Weiß passt so gut zu deinen schwarzen glänzenden Haaren und deinen blau blitzenden Augen!

Du solltest nicht mehr in deiner Tischlerwerkstatt arbeiten. Du solltest draußen arbeiten, damit viele Menschen dich und deinen weißen Schal sehen. Und wenn du das Kommando hast, dann schauen sie auch immer zu dir hin und warten, was du als nächstes sagst.« – »So was wie General?«, fragte Nujut.

»Soll ich jetzt ein General werden?« – »Nein, natürlich kein General, denn ein General trägt eine Uniform, da ist ein weißer Schal nicht vorgesehen. Aber wie wäre es mit Baumeister? Es gibt eine Stadt, die heißt Babel, da wohnen die Menschen noch in Zelten, aber sie haben angefangen, Häuser zu bauen. Da wird ein Baumeister gebraucht.«

Noch am selben Tag schloss Nujut seine Tischlerwerkstatt ab und machte sich mit Abadalli auf den Weg nach Babel. Fifi, ihr Hündchen, nahmen sie mit.

Nach drei Tagen Wanderung erreichten sie Babel, und weil niemand der Babylonier – so hießen die Menschen in Babel – so einen schönen weißen Schal hatte, erregte Nujut sofort Aufmerksamkeit. Er stellte sich auf eine Kiste, schwang seinen Schal mit einer lässig-eleganten Bewegung um den Hals und rief: »Leute, ich bin nach Babel gekommen, weil ihr hier einen Baumeister braucht.« Die Babylonier sagten: »Stimmt, wir brauchen einen Baumeister.« Nujut setzte fort: »Ich habe mir auf dem Weg zu euch überlegt, was ihr bauen sollt. Nämlich einen Turm. Einen sehr, sehr hohen Turm. So hoch, dass man die Stadt Babel von überall her sieht. Sagt, wie findet ihr meine Idee?«

»Warum sollten wir nicht erst mal Häuser für uns alle bauen?«, fragte ein Babylonier. »Nur die wenigsten von uns wohnen in Häusern.« – »Du hast recht«, sagte Nujut nachdenklich. »Du hast recht und unrecht zugleich«, rief Abadalli, die nicht wollte, dass die Karriere von ihrem Nujut so schnell zu Ende ist. »Natürlich sollte jeder Babylonier in einem Haus anstatt in einem Zelt wohnen.

Aber Häuser werden überall gebaut. Deshalb sind Häuser doch ziemlich langweilige Bauwerke. Ein Turm jedoch macht eure Stadt berühmt. Erst recht, wenn ein Baumeister wie Nujut zu euch kommt.« – »Was hat er denn schon gebaut?«, fragte ein kleines Mädchen, das Schallala hieß.»Irgendwelche Brücken? Paläste?« – »Was du meinst, nennt man Referenzprojekte, aber dazu bist du zu klein und zu dumm, um das zu wissen. Also lass diese dummen Fragen. Schau dir lieber seinen Schal an, der ist doch Antwort genug. Jemand, der einen so eleganten Schal trägt, dem muss man doch vertrauen.« – »Trotzdem wollen wir wissen, was er schon gebaut hat!«, riefen die Babylonier. »Schallala hat recht.« Nujut räusperte sich: »Nun, Leute, also, ich habe schon mal einen Palast gebaut«, log er. »Ich habe sogar schon viele Paläste gebaut. So viele, dass ich es langweilig finden würde, noch einen Palast zu bauen. Diesmal muss es ein Turm sein. Ein Turm, der euch berühmt macht in alle Ewigkeit.« »Also ich glaube ja, du willst nur den Turm bauen, damit dein Fifi was hat, wo er ranpinkeln kann«, sagte Schallala, die gerade sah, wie Fifi sein Bein an einen Baum hob. »So ein gewöhnlicher Baum ist nicht fein genug für einen Hund, dessen Herrchen mit so einem Angeberschal herumläuft.«

»Schallala, du bist nicht nett«, sagte der Bürgermeister von Babel. »Herr Nujut hat in manchem recht. Wir müssen uns darüber Gedanken machen, wie wir unser Volk zusammenhalten. Ein Turm, den man von überall sehen kann, ist keine schlechte Idee. So wird unser Volk immer zusammen bleiben, weil wir immer in unsere Stadt zurückfinden.«

»Dass ich nicht lache!«, sagte Schallala. »Was ist denn nachts? Oder bei schlechtem Wetter? Bei Nebel oder im Sandsturm. Da kann man den Turm überhaupt nicht sehen. Da nutzt er gar nichts.«

»Es ist doch nicht immer Nacht«, erwiderte der Bürgermeister. »Und es ist auch nicht immer schlechtes Wetter. Wie können wir sonst unser Volk zusammenhalten?«

»Mit unseren Liedern«, sagte Schallala. »Wo die gesungen werden, weiß jeder Babylonier, dass er zu Hause ist. Da braucht er keinen Turm. Lieder kann man am Tag und in der Nacht hören, im Nebel und sogar im Sandsturm.«

Der Bürgermeister schüttelte den Kopf: »Schallala, du hast aber manchmal Ideen«, und ein anderer Babylonier sagte: »Aber sie ist doch noch ein Kind«, und damit war der Turmbau beschlossene Sache.

Am nächsten Tag fand die erste Bauberatung statt. Nujut hatte sich den Platz ausgesucht, wo der Turm gebaut werden sollte, und dorthin lud er alle wichtigen Leute Babels ein. Sie versammelten sich um ein großes Wasserfass, das Nujut schon zu dem Platz geschafft hatte, denn auf jeder Baustelle braucht man Wasser. Um das Fass herum stehend, hielten sie ihre Versammlung ab.

»Wie hoch soll der Turm eigentlich werden?«, fragte der Bürgermeister. »Sehr hoch«, sagte Nujut. »Unermesslich hoch«, sagte Abadalli.

»Sollten wir nicht lieber einen Turm bauen, der zwar sehr hoch ist, aber noch nicht unermesslich hoch?«, fragte ein Babylonier. »Wir können den Turm ja nach ein paar Jahren, wenn wir Babylonier uns weiter in der Gegend zerstreuen, noch höher bauen und noch ein paar Jahre später noch höher. Immer gerade so hoch, dass wir unser Volk auch wirklich zusammenhalten.«

»Nein!«, rief Nujut und haute wütend mit der Faust auf den Tisch, den es nicht gab, so dass alle Babylonier und er selbst mit Wasser bespritzt wurden. »Der Turm muss unermesslich hoch sein, und zwar von Anfang an. Denn das ist ein Symbol – wisst ihr überhaupt, was ein Symbol ist?«

»So etwas wie ein Zeichen.« »Ein Sinnbild.« »Ein Gleichnis.«

»So in etwa«, sagte Nujut. »Ein Symbol ist etwas, womit man sich eine Vorstellung von etwas machen kann. Und dieser Turm wird ein Symbol eurer Stärke, eurer Schöpferkraft, eures Fleißes sein. Jeder Babylonier, der diesen Turm sieht, wird nicht nur nach Hause finden, sondern er wird denken: Wenn wir Babylonier einen solchen Turm bauen konnten, dann können wir alles. Und dann werdet ihr das mächtigste und glorreichste Volk der Welt.«

Die Babylonier schwiegen beeindruckt. Noch wohnten die meisten von ihnen in Zelten, und die Idee, dass man nur einen unermesslich hohen Turm bauen müsste, um bald darauf das mächtigste und glorreichste Volk der Welt zu sein, erschien den Babyloniern verlockend.

»Geht das wirklich so einfach?«, fragte schließlich der Bürgermeister. »Dass wir dann glauben, wir können ALLES, wie du sagst? Das kann doch nur Gott. Und dem wird es nicht gefallen, wenn wir ihn herausfordern.«

»Wieso denn herausfordern?«, fragte Abadalli.

»Wenn wir einen Turm bauen, um allen zu zeigen, dass wir Babylonier alles können, obwohl es doch einzig Gott ist, der alles kann, dann wollen wir sein wie er. Und das dürfte ihm schwerlich gefallen, denn er hat die Welt nun mal so eingerichtet, dass nur er alles kann.«

»Passt mal auf, liebe Babylonier«, sagte Nujut. »Hat irgendjemand von euch Gott schon mal gesehen? Weiß jemand, wie er aussieht, wie seine Stimme klingt?«

Niemand antwortete.

»Oder kennt irgendjemand von euch jemanden, dem Gott schon mal persönlich begegnet ist? Aha, niemand von euch sagt etwas. Deshalb vermute ich, dass es Gott gar nicht gibt.«

Sofort erhoben die Babylonier Widerspruch: Jemand müsse doch die Welt erschaffen haben, die Blumen, Tiere und Menschen. Und wenn man nur eine einzige Ähre betrachte, sie ist solch ein Wunder – das kann nicht von allein entstanden sein.

»Es mag ja sein«, rief Nujut und hob beschwichtigend die Hände, »dass es Gott als den Schöpfer aller Dinge einmal gab. Aber jetzt gibt es ihn nicht mehr. Keiner von euch hat ihn gesehen. Und wenn es ihn gäbe und er immer noch so allmächtig ist, wie ihr glaubt – warum zeigt er sich jetzt nicht? Er könnte doch die Erde mal kurz beben lassen oder den Himmel verfinstern. Stattdessen haben wir das allerschönste Wetter – oder etwa nicht?« Die Babylonier schwiegen. Manch einer schaute verstohlen zum Himmel oder zog heimlich die Sandale aus, um auf der Erde zu fühlen, ob sich nicht doch so etwas wie ein Erdbeben ankündigte – aber nichts geschah. Der Wind wehte leicht und spielte mit den Fransen des weißen Schals von Nujut.

»Wir können ja noch ein paar Minuten warten«, sagte der Bürgermeister. »Und wenn sich Gott dann nicht zeigt, dann bauen wir den Turm unter der Leitung von Nujut.«

»Stopp!«, rief plötzlich ein Babylonier, dem nicht ganz wohl bei der Sache war. »Mich hat soeben eine Mücke gestochen! Wenn das kein Zeichen ist.«

»Und ich habe Seitenstechen, obwohl ich gar nicht gerannt bin!«, sagte ein zweiter, der ebenfalls eine Ausrede suchte, den Turm nicht zu bauen.

»Hatschi!«, nieste ein dritter, dem es ähnlich ging wie den beiden ersten.

»So ein Unsinn«, sagte der Bürgermeister. »Ich bin sogar schon beim Beten von einer Mücke gestochen worden oder bekam Seitenstechen oder musste mal niesen. Mückenstiche, Seitenstechen und Niesen sind keine Zeichen. Es muss mindestens ein Gewitter runterkommen.«

Und so warteten sie auf ein Zeichen von Gott, und weil es ihnen etwas langweilig war, sahen sie Schallala, die mit Fifi spielte. »Ihr seid schön dumm!«, rief Schallala. »Gott zeigt sich doch dann, wann er es will, und nicht, wann ihr es wollt!«

»Sie ist nur ein kleines dummes Kind«, sagte Abadalli zu den Babyloniern. »Schimpft nicht mit ihr.«

»Ich bin zwar klein«, rief Schallala, »aber nicht so dumm wie ihr. Ihr werdet niemals einen unermesslich hohen Turm bauen, denn Gott wird es sich nicht gefallen lassen, dass die Menschen alles können. Menschen werden nur das können, was Menschen zugedacht ist, und wenn sich die Menschen mit Gott verwechseln, dann werden sie ihr blaues Wunder erleben!«

Aber natürlich hörten die Babylonier nicht auf Schallala, die nur ein kleines Mädchen war, das mit einem Hündchen spielte. Nach einer Viertelstunde – das ist etwa so lange, wie man braucht, um ein Eis zu essen –, in der sie kein göttliches Zeichen bemerkten, beendeten sie die Warterei, gingen zurück in die Stadt und hängten überall Plakate auf, dass am morgigen Tag die Bauarbeiten am großen

Turm unter der Leitung des berühmten Baumeisters Nujut beginnen würden.

Am nächsten Tag stellte sich Nujut vor die vielen tausend Bauleute und teilte die Arbeiter in vier Gruppen ein. »Ihr nehmt eure Spaten und hebt die Baugrube aus«, sagte Nujut zur ersten Gruppe. Zur zweiten Gruppe sagte er: »Und ihr macht den Lehm nass, formt daraus Steine und lasst sie in der Sonne trocknen, bis sie hart sind. – Ihr geht in die Wälder, sägt die Bäume ab und macht daraus Bretter für die Gerüste!«, sagte er zur dritten Gruppe, während er zur vierten Gruppe sagte: »Und ihr tragt die Steine auf das Gerüst.«

Die vielen Tausend Arbeiter hörten auf ihn. Sie begannen mit der Arbeit, und Nujut als ihr oberster Baumeister hatte das Sagen. Er fand es toll, und Abadalli zwinkerte ihm fröhlich zu, denn es war genau so, wie sie es sich an dem Tag vorgestellt hatte, als sie mit dem weißen Schal vom Markt gekommen war.

Bald war eine riesige Baugrube ausgehoben, größer als alle bisherigen Baugruben zusammen. Dort hinein wurden viele, viele Steine gelegt, als Fundament. Und dann begann der Turm zu wachsen, wobei die Bauleute, welche zunächst die Baugrube aushoben, zu den Bauleuten wurden, die die herbeigeschleppten Steine aufeinander schichteten. Nujut frohlockte: »Mein Turm wächst und wächst! Und meine Arbeiter schaffen jeden Tag noch mehr

Steine und noch mehr Rüstholz herbei – er wird noch weiter wachsen! Das Fundament ist fest, und es ist noch kein Ende abzusehen!«

Es ergab sich irgendwie von selbst, dass sich das Gerüst wie ein Wurm um den Turm wand. Der Wurm am Turm kringelte immer weiter, und der Turm wuchs immer höher. Allerdings konnte man niemals den Turm richtig sehen, weil das Gerüst die Sicht versperrte. Niemand sah den eigentlichen Turm. Alle sahen nur den Wurm am Turm. Und der war sehr, sehr lang.

Die Arbeiter waren in vier Gruppen aufgeteilt, und weil sie so schnell arbeiten mussten, konnten sie auch nur schnell und abgehackt miteinander sprechen. Weil es oft vorkam, dass ein Gerüstbauer zu einem anderen sagen musste: »Halt das mal bitte fest«, wurde daraus irgendwann »Hammafest«. Oder wenn ein Steinhersteller zum anderen sagen wollte: »Den Stein kannst du nicht nehmen«, sagte er irgendwann »Dennich«, und wenn ein Spatenarbeiter nicht weiterbuddeln konnte, weil er auf einen Felsbrocken stieß, fragte sein Nebenmann irgendwann nicht mehr: »Was hast du denn da?«, sondern: »Wadde hadde dudde da?«

Und die Steineschlepper sagten nicht mehr: »Stapel die Steine mal hier hin«, sondern »Packada!« Das geschah schon in den ersten Wochen. Je länger sie arbeiteten, desto unverständlicher wurde ihre Sprache, aber das merkte niemand, da die Spatenarbeiter und späteren Maurer nicht mit den Gerüstarbeitern reden mussten. Die mussten auch nicht mit den Steineschleppern reden, welche wiederum auch nicht mit den Steineherstellern reden mussten. Alle arbeiteten nur für sich und fanden dabei heraus, wie man die eigene Sprache abkürzen und so verändern kann, dass man sich zwar untereinander versteht, aber von niemandem sonst verstanden wird.

Jeden Abend, wenn es dunkel war, ging Schallala auf das Gerüst des Turmes. Der Wurm wurde jeden Tag ein bisschen länger, und Schallala musste jeden Tag etwas höher gehen, und deshalb geriet sie jeden Tag etwas mehr außer Atem. Aber wenn sie am Ende des Gerüstes am höchsten Punkt angelangt war, setzte sie sich auf die Kante des Gerüsts und ließ die Beine in die Tiefe baumeln. Sie schaute in den Sternenhimmel und schaute in die Weite des Landes im Osten. Zu ihren Füßen lag Babylon, wo die meisten Menschen noch in Zelten lebten, vor denen Feuer flackerten, die Licht und Wärme spendeten und über denen das Essen zubereitet wurde. Kein Haus war mehr gebaut worden, seitdem der große Turmbau begonnen hatte. Schallala wünschte sich, die Menschen bekämen Häuser, wo sie in ihrer Küche ein Feuer im Herd entfachen könnten und aus den Fenstern Kerzenschein käme. Aber alle Babylonier waren von ihrem Turmbau geradezu besessen und folgten diesem doofen Nujut mit seinem weißen Angeberschal! Wenn Schallala nach einer Weile Dasitzen Atem geschöpft hatte, sang sie mit ihrer schönen Stimme die Lieder Babylons. Sie benutzte noch die echte Sprache, die noch nicht durch Abkürzungen und Gehetze verhunzt war. Fifi lief ihr nach auf das Gerüst und ließ sich von ihr den Hals kraulen, und die Babylonier waren ganz still, denn Schallala hatte eine sehr schöne Stimme. Und weil der Turm jeden Tag etwas höher gebaut wurde, entfernte sich der Gesang von Schallala immer weiter, und ihre Lieder waren immer weniger zu verstehen. Manch einer der Babylonier dachte bei sich: Schade, dass wir den Turm so hoch bauen, denn irgendwann werden wir sie überhaupt nicht mehr hören.

Eines Tages geschah etwas Merkwürdiges: Als Nujut unter dem Gerüst stand, nämlich an der Stelle, wo die Seilwinde immer den Mörteleimer hochzieht, rief der Arbeiter, der neben ihm stand, immer aufgeregter: »Wecko wacko! Wecko wacko! Wecko wacko!«

Nujut wusste nicht, was der Arbeiter, der ihm mit einem ganz aufgeregten Gesicht »Wecko wacko!« zurief, sagen wollte – und da hatte er schon den Mörteleimer auf dem Kopf, und sein Schal war voller Mörtel. Nachdem sich Nujut den Mörtel aus dem Gesicht gewischt hatte, schnauzte er den Arbeiter an: »Mein schöner Schal! Warum hast du mir nicht gesagt, dass du den Eimer aus Versehen losgelassen hast? Wecko wacko, was soll denn der Quatsch!

Geh weg da, hätte gereicht!« Der Arbeiter entgegnete: »Picki hecki nacki lucki.« Nujut wurde noch wütender: »Hör auf mit dem Quatsch! Sprich endlich anständig!« Der Arbeiter entgegnete: »Racki bucki tecki nicki.« Und ein zweiter Arbeiter sagte nur: »Wecki becki.« Nujut starrte die beiden an, als ob sie verrückt wären, doch weil sie schon wieder einen Eimer mit Mörtel vollschippten und ihn nach oben zogen, ging Nujut davon, um von diesen Verrückten nicht noch einen Eimer Mörtel auf den Kopf zu bekommen.

Nujut stieg aufs Gerüst. Hier war er am liebsten. Hier konnte er von seinem Turm herunterschauen. Er sah zwei Arbeiter, die ein großes Fenster trugen, von denen derjenige, der rückwärtsgehen musste, auf einen großen Bretterstapel zulief. »Pass auf!«, schrie Nujut vom Gerüst herunter. »Da ist ein Bretterstapel!« Der Arbeiter schaute nach oben, schien aber Nujut nicht zu verstehen, denn er ging weiter. »Der Bretterstapel!«, brüllte Nujut, so laut er konnte. »Bleib stehn!« Der Arbeiter sah ihn an und zuckte die Schultern, ging aber weiter – und da passierte es: Er stieß an den Bretterstapel, der mit einem lauten Poltern umfiel. Und dann klirrte es auch noch, weil das große Fenster zu Boden fiel. »Ich hab dir doch gesagt, du sollst stehen bleiben!«, rief Nujut, aber der Arbeiter rief etwas, das klang wie: »Lo fu shei deng!« – »Lo fu shei deng?«, rief Nujut. »Was willst du mir damit sagen? Bist du auch verrückt geworden?« Doch der Arbeiter

beachtete ihn nicht weiter, sondern baute den umge-
stoßenen Bretterstapel wieder auf.

Nujut ging weiter die schneckenförmigen Windungen
des Gerüstes nach oben, und als er ganz oben war, sah er
einen Arbeiter, der eine Gerüststange befestigen wollte.
Die Stange schwankte bedenklich im Wind. »Pipi Kacka
Pupsi!«, rief der Arbeiter zu einem anderen Steineschlepper, der gerade seine Ladung Steine auf dem Gerüst
abgesetzt hatte und nun beide Hände frei hatte. Doch der
lachte nur laut. Der Arbeiter, dessen Gerüststange immer
stärker schwankte, rief wieder »Pipi Kacka Pupsi!«, worauf
der Steineschlepper mit den beiden freien Händen nur
noch mehr lachte. »Hilf ihm doch mal!«, schrie Nujut, doch
der Arbeiter, der eben noch lachte, fragte nur: »Kascha
schtititje schlandruschka?«

Da hörte Nujut nur noch ein letztes Mal »Pipi Kacka
Pupsi!« – und dann polterte es entsetzlich. Die lange Rüst-
stange fiel mit ihrem ganzen Gewicht in die tiefere Etage
und zerbrach eine Rüstbohle, auf der einhundertvierund-
vierzig Ziegelsteine aufgestapelt waren. Die polterten
wieder eine Etage tiefer, wo weitere Steine, Mörtelbottiche,
Bretter und Nägel herunterpolterten, herunterkrachten
und hinunterprasselten. Das ganze Gerüst verlor seinen
Halt und begann zu schwanken.

Die Arbeiter ahnten, dass gleich eine Katastrophe
geschehen würde, und ergriffen die Flucht. Alles was

Beine hatte, rannte so schnell es konnte, vom Gerüst. Nur Nujut nicht. »Halt!«, rief der. »Ihr müsst das Gerüst sichern!« Aber niemand hörte auf ihn – weil ihn niemand verstand. »Wecki schecki!«, schrie der eine Arbeiter, als er nach unten rannte, »Gei wei!« der nächste, ein dritter schrie »Njischi wjischi!« und noch einer »Kacki Kacki!«. Als der letzte Arbeiter vom Gerüst gerannt kam, fiel der ganze Wurm in sich zusammen. Nujut verlor den Boden unter den Füßen und fiel in die Tiefe. Doch an einer Zinne des Turms verfing sich sein weißer Schal, der wegen des Mörtels nicht mehr weiß war. Hoch über der Erde hing Nujut und sah Bretter, Steine, Stangen in die Tiefe trudeln.

Als sich der Staub verzogen hatte, sah er die Arbeiter, wie sie herumschrien, ohne sich zu verstehen. Alle fuchtelten herum, zeigten nach hier und nach da, packten sich am Kragen und stießen sich gegenseitig herum – aber alle sprachen verschiedene Sprachen. Nach ein paar Minuten begriffen sie, dass es sinnlos ist. Man kann keinen Turm bauen, wenn man sich nicht verständigen kann. Nicht mal eine Hütte kann man bauen, ohne miteinander zu sprechen.

Und so sah Nujut, wie sich das Volk in alle Welt zerstreute. Sie wollten den Turm bauen, um immer zusammenbleiben zu können. Aber der Turmbau hatte dazu geführt, dass sich das Volk in viele Völker entzweite, jedes mit einer eigenen Sprache. Die Wecki-tecki-Leute gingen nach West, die Lei-dong-Leute nach Osten, die Nascha-kascha-Leute nach Norden und die Pipi-kacka-Leute nach Süden.

Das alles sah Nujut noch, als er an der Zinne seines Turmes hing. Er sah auch Schallala, die mit Fifi auf die Baustelle kam, auf der nun kein Mensch mehr war. Und er dachte an ihre Worte, dass sich Gott nur dann zeigt, wenn es ihm passt, und nicht dann, wenn die Leute von ihm ein Zeichen wollen. Dass Gott den Turmbau nicht mit einem Erdbeben beendet hat, einem Vulkanausbruch oder einer Seuche unter den Arbeitern, sondern indem er die Arbeitsleute einfach verschiedene Sprachen sprechen ließ, damit hatte Nujut nicht gerechnet. Und wahrscheinlich nicht mal Schallala.

Da spürte Nujut, wie sich der Schal mehr und mehr lockerte. Oh weh, dachte er, das ist nun meine Strafe. Ich muss nun von hier oben, von meinem Turm hinunterfallen und werde mir das Genick brechen. Als sich der Schal löste und Nujut in die Tiefe fiel, schloss er die Augen und schrie so laut er konnte.

Das ist vielleicht alles nur ein Traum, dachte er – und da platschte es gewaltig. Als er den Kopf aus dem Wasser streckte und die Augen aufschlug, sah er, dass er in das Wasserfass, das er selbst aufgestellt hatte, gefallen war. »Mir ist nichts passiert!«, rief Nujut. »Ich lebe! Gott sei Dank!«

Nujut und Abadalli waren die letzten, die Babylon verließen. Auf dem Heimweg sagte Nujut: »Weißt du, wenn am Anfang ein Stein vom Gerüst gefallen ist, war das nicht schlimm. Aber wenn ein Arbeiter einen ganzen Tag braucht, um die Steine nach oben zu schleppen, und sie fallen dann runter, ist die Arbeit von einem ganzen Tag umsonst. Und wenn der Turm noch höher gebaut wird, dann werde ich mir irgendwann wünschen, dass lieber ein Arbeiter vom Gerüst fällt als ein Stein, denn ein Stein, der ein ganzes Jahr oder noch länger nach oben geschleppt wird, ist doch sehr, sehr wertvoll. Aber wenn ich der Baumeister an einem Bauwerk bin, das Steine in etwas verwandelt, das wertvoller ist als Menschen, dann ist das kein gutes Bauwerk.«

»Ich glaube, ich weiß, was du meinst«, sagte Abadalli.

Als es Nacht wurde, konnten sie den Turm nicht mehr sehen. Und am nächsten Tag wegen des Morgennebels auch nicht. Und darüber waren sie froh, denn sie schämten sich wegen ihrer überheblichen Idee, die so viel Unheil angerichtet hatte.

Fifi blieb bei Schallala, die an dem Abend, als der Wurm am Turm einstürzte, das letzte Mal ihre Lieder sang. Sie saß auf den Trümmern des Gerüstes, aber niemand hörte ihre Lieder. Denn die Babylonier waren in alle Winde zerstreut.

Der Turm blieb noch einige Hundert Jahre stehen, aber in jedem Jahr zerfraß der Wind immer mehr seine Steine, und der Regen wusch seine Fugen aus. Bis er eines Tages, an einem wunderschönen windstillen sonnigen Tag so müde war, dass er einfach in sich zusammenfiel. Niemand sah ihn einstürzen, obwohl es der höchste Turm der Welt war.

Die Trümmer verschwanden unter Sand und Erde. Das dauerte nochmals Hunderte von Jahren. Auf der Erde wuchs Gras. Ein ganz besonderes Gras. Es wächst noch heute. Denn die Schafe, die dieses Gras fressen, geben besondere Wolle. Die weichste und weißeste Wolle, die man sich denken kann. Aus der Wolle werden Schals. Die Schals finden reißenden Absatz bei den Angebern. Von denen gibt es heute leider noch viel mehr als damals. Und sie könnten auch einen viel größeren Schaden anrichten als Nujut und Abadalli. Doch da jedes Kind sofort am Schal erkennt, was Sache ist, wird so etwas nicht noch mal passieren.

Alina Bronsky
erzählt eine Geschichte
von Jakob & Esau

MAMAS LIEBLING

Mein kleiner Bruder war ätzend. Eigentlich war er gar nicht so viel kleiner als ich. Er war ja mein Zwillingsbruder. Er war ein paar Minuten nach mir zur Welt gekommen und hatte sich dabei an meine Ferse gekrallt. Da war es klar, dass ich nach ihm treten musste. Meine Eltern nannten ihn Jakob, das heißt Fersenhalter. Oder Betrüger. Als hätten sie da schon gewusst, was noch alles kommen würde.

Obwohl Jakob also nur ein paar Minuten jünger war, war er immer das Baby bei uns in der Familie. Unsere Mutter vor allem fand ihn total süß. Wahrscheinlich hätte sie ihn auch dann klein und goldig gefunden, wenn er sie um drei Köpfe überragt hätte. Aber das war Gott sei Dank nie der Fall. Er war zum Beispiel kleiner als ich, von Anfang an, und es blieb auch so. Dazu war er ziemlich mickrig. Keine Ahnung, was daran süß sein sollte.

Wenn er mich nervte und ich ihn deswegen hauen musste, dann heulte er besonders laut, damit unsere Mutter sofort angerannt kam. Sie schimpfte mit uns und gab jedem einen Hieb auf den Hinterkopf. Und bei mir fiel ihre Hand besonders schwer. Denn mir dröhnte dann immer der Schädel, und mein Bruder grinste nur. Überhaupt grinste er ziemlich viel. Ich fand es ein bisschen dämlich, und ich glaube, unserem Vater ging es genauso.

Angeblich hatten wir uns schon geprügelt, als wir noch als Babys im Bauch unserer Mutter gewesen waren. Wenn sie uns das erzählte, dann schaute sie seltsamerweise immer nur mich an. Als ob ich immer angefangen hätte! Wenn Jakob mich schon im Bauch so genervt hatte, dann war es kein Wunder, wenn ich ihm auch dann schon eine langen musste. Aber ich konnte mich nicht erinnern.

Ich war rothaarig und auch schon als Kind ganz kräftig für mein Alter. Jakob war, wie gesagt, mager und klein und hatte eine große Klappe. Er konnte sich immer prima herausreden, wenn er Mist gebaut hatte. Unsere Mutter fand ihn so witzig.

Er drückte sich ständig in ihrer Nähe herum, als gäbe es nichts Spannenderes auf der Welt. Und obwohl er eigentlich ein Doofer war, hatte ich das Gefühl, dass er in manchen Dingen dennoch schlauer war als ich. Er schaffte es zum Beispiel fast immer, sich vor Arbeiten zu drücken. Und wenn wir uns prügelten, war komischerweise fast immer ich schuld.

Als wir nicht mehr so klein waren, spielte ich gar nicht mehr mit ihm, sondern draußen mit meinen Freunden. Jakob war meistens drin und hockte bei unserer Mutter. Er hatte, glaube ich, einfach gar keine Freunde. Er war langweilig und ein Muttersöhnchen. Ich denke, unser Vater sah es genauso, und deswegen mochte er mich ein bisschen lieber als Jakob.

Unser Vater war schon ziemlich alt. Manchmal kam ich von draußen und setzte mich zu seinen Füßen. Der Vater guckte immer so, als würde er Dinge sehen, von denen andere nichts ahnen. Wenn ich bei ihm saß, legte er mir seine Hand auf den Kopf. Sie war so schwer, dass mir fast der Hals einknickte. Aber es war trotzdem schön.

Jakob hatte Angst vor unserem Vater, weil er ihm nicht alles durchgehen ließ. Das war noch schöner.

Als ich älter wurde, fing ich an öfter rauszugehen und lernte zu jagen. Jakob hockte immer noch im Haus und kümmerte sich um Dinge, die eher Frauen interessierten. Ich hatte ihn schon praktisch abgeschrieben. Mir ging es gut: Ich hatte eine sichere Hand und brachte oft selbst geschossenes Wild nach Hause. Unsere Mutter kochte daraus leckeres Essen, das unserem Vater sehr gut schmeckte. Kein Wunder, dass er mich noch ein wenig mehr mochte und Jakob noch ein bisschen weniger.

Einmal kam ich nach Hause und hatte schrecklichen Hunger, weil ich den ganzen Tag nichts gegessen hatte. Zu Hause saß nur Jakob herum. Wenigstens hatte er gekocht.

»Was gibt's denn?«, fragte ich. Und er sagte: »Linsen.« Schon wieder Linsen, dachte ich, aber trotzdem lief mir das Wasser im Munde zusammen. Linsen waren echt nichts Besonderes, aber ich hätte vor lauter Hunger auch das Feuerholz abgenagt.

»Gib mir was von den Linsen, Jakob«, sagte ich ziemlich freundlich. »Ich habe schrecklichen Hunger.« Aber er guckte mich nur an und pfiff vor sich hin, und ich begann mich ein wenig zu ärgern. »Gib mir was von den Linsen, Jakob«, verlangte ich ein wenig lauter.

Er tat so, als würde er nichts hören. »Gib mir was von den Linsen«, wiederholte ich wieder etwas leiser, aber meine Hand hob sich und meine Faust ballte sich. Jakob schielte misstrauisch rüber, als wüsste er genau, was jetzt kommen würde.

»Nimm sie doch«, sagte er schnell. »Nimm und iss dich satt.«

Endlich, dachte ich und streckte meine Hand nach der Schüssel aus, aber er hielt sie immer noch fest. »Halt«, sagte er. »Ich verkaufe dir die Linsen.«

»Wieso das denn, Trottel?«, sagte ich ungeduldig. Aber ich war auch überrascht. Das war genau das, was ich meinte: Jakob hatte einfach komische Ideen. Wenn ich bloß von selber darauf gekommen wäre, ihm Dinge zu verkaufen!

»Was willst du dafür?«, sagte ich, um die Sache abzukürzen.

Bei Jakob wusste man nie, es hätte sein können, dass er sich jetzt einen runden Stein wünschte oder einen besseren Platz am Feuer oder irgendwas völlig Verrücktes. »Ich will, dass ich von jetzt an der Ältere von uns beiden bin«, sagte er.

Ich tippte mit dem Finger gegen meine Stirn. Er grinste nur. Die Linsen dampften in seinen Händen. Mein Magen knurrte. »Mach doch, was du willst«, sagte ich. »Du bist und bleibst ein kleiner Trottel. Und jetzt gib mir endlich das Essen.« Und er gab mir die Schüssel und noch Brot dazu, und ich aß mich satt und wunderte mich, warum er die ganze Zeit so zufrieden guckte. Und als ich nicht mehr so hungrig war, bekam ich das seltsame Gefühl, dass er mich schon wieder ganz schön übertölpelt hatte. Und genau so war das auch. Jakob erzählte es stolz unserer Mutter; sie erzählte es stolz unserem Vater. Unser Vater nahm mich zur Seite und schimpfte mich einen Idioten. Ich hatte Jakob für ein paar verkochte Linsen das Erstgeburtsrecht verkauft. Und das war ziemlich wertvoll. Jetzt würde er für immer der Erste von uns beiden sein, obwohl er eigentlich als Zweiter geboren war. Ist doch egal, sagte ich. Aber unserem Vater war es nicht egal. Offenbar war es niemandem egal. Außer mir.

Wenn es doch wenigstens ein leckerer Braten gewesen wäre, für das ich dieses seltsame Recht verkauft hatte!

Ich hasste Jakob ein wenig mehr dafür, dass nun plötzlich ICH der Trottel war.

Unsere Mutter glaubte fest daran, dass aus Jakob eines Tages etwas Besonderes werden würde. Keine Ahnung, wie sie auf diese Idee gekommen war. Sie ging davon aus, dass eines Tages jeder Jakobs Namen kennen würde, weil er so unglaublich wichtig war. Wieso, konnte sie nicht genau erklären. Von mir war dabei nie die Rede. Und unser Vater hatte auch seine Zweifel. An Jakob war überhaupt nichts Besonderes. Trotzdem gefiel meinen Eltern jetzt mehr das, was er tat. Als ich erwachsen wurde und heiratete, mochten unsere Eltern meine Frau nicht. Jakob selber hatte noch gar keine Frau, wenigstens da hatte er noch nichts falsch gemacht.

Unser Vater war inzwischen schon ganz alt. Er konnte kaum noch etwas sehen und wurde immer schwächer. Er rief mich zu sich und sagte, dass er mich segnen wollte. Sobald er mich gesegnet hatte, konnte ich sicher sein, dass mich Gott auf allen meinen Wegen begleiten und beschützen würde. Dann konnte nichts mehr schiefgehen.

»Ich bin schon alt und weiß nicht, wie lange ich noch lebe«, sagte Vater. »Nimm Pfeil und Bogen, jage ein Stück Wild und koche mir ein leckeres Gericht, wie ich es gern habe. Ich will mich stärken, bevor ich dich segnen kann, bevor ich sterbe.« Ich wusste, dass mein Vater recht hatte, und freute mich über seine Worte. Jagen konnte ich ja. Und es war schön, dass mein Vater mich immer noch lieb hatte, denn offenbar hatte er nicht vor, auch noch Jakob zu segnen.

Was weiter passierte, weiß jeder auf der Welt, weil Jakob später in der Tat weltberühmt wurde. Die meisten wissen es genauer als ich.

Man hat es sich weitererzählt und irgendwann aufgeschrieben, und die Kinder lernen schon im Kindergarten, wie ich zum zweiten Mal von Jakob reingelegt wurde. Und diesmal so richtig.

Unsere Mutter hatte die Bitte unseres Vaters belauscht. Sie ging sofort zu Jakob und erzählte ihm alles, was unser Vater zu mir gesagt hatte. Und dann schickte sie ihn zu unserer Herde, um zwei schöne Ziegenböckchen zu holen.

Jakob guckte sie nur dumm an. Er hatte noch nicht genau kapiert, was sie eigentlich wollte. »Ich werde daraus ein leckeres Gericht kochen, wie es dein Vater gern hat. Das bringst du ihm dann, damit er dich vor seinem Tod segnet«, sagte unsere Mutter. Ihn, nicht mich. Er sollte sich als Esau ausgeben und meinen, meinen Segen absahnen. Unser Vater war ja fast blind. Es war nicht mehr so furchtbar schwer, ihn reinzulegen. Und wer den Segen hatte, der hatte Gott von da an an seiner Seite.

Jakob bekam Muffensausen.

»Aber Esau hat Haare auf den Armen und meine Haut ist glatt«, jammerte er. »Wenn mich der Vater betastet, merkt er den Betrug. Und anstatt mich zu segnen, verflucht er mich.« Ein Fluch war nämlich viel schlimmer als gar kein Segen. Wer verflucht wurde, konnte gleich einpacken, und Jakob war ein Feigling.

Aber unsere Mutter hatte ihn eben trotzdem lieb. »Der Fluch soll dann einfach auf mich fallen, mein Schatz«, sagte sie. »Aber es wird schon nichts passieren. Jetzt mach endlich.« Sie hatte im Gegensatz zu Jakob vor gar nichts Angst.

Jakob ging zur Herde und schleppte zwei Böckchen heran. Dann sah er zu, wie unsere Mutter kochte. Sie kochte übrigens ziemlich gut, und der Duft des Fleisches wehte durch unser Haus. Dann holte sie mein schönes Hemd und zog es Jakob über. Die Felle, die von den Böckchen übrig geblieben waren, legte sie um seine Unterarme, damit es so wirkte, als hätte Jakob Haare auf den Handrücken. Dann drückte sie das leckere Essen in Jakobs Hände und dazu das Brot, das sie frisch gebacken hatte. »Und jetzt geh«, sagte sie und schubste Jakob in den Rücken.

Und die ganze Welt weiß auch, was danach passierte. Jakob stolperte ins Haus unseres Vaters und sagte: »Vater!«

»Welcher von meinen Söhnen bist du?«, fragte unser Vater und blinzelte vergeblich in Jakobs Richtung.

»Esau, dein Erstgeborener«, stammelte Jakob, denn ganz wohl war ihm bei der Sache nicht. »Ich habe alles getan, was du dir gewünscht hast. Setz dich auf und iss von meinem Wild, damit du mich segnen kannst.«

»Das ging aber schnell«, sagte mein Vater misstrauisch. Denn auch wenn man ein guter Jäger war, brauchte eine Jagd ihre Zeit.

»Der Herr, dein Gott, hat mir das Wild ganz schnell für dich über den Weg laufen lassen«, sagte Jakob, der Schleimer.

»Dann komm mal näher«, sagte unser Vater. »Ich will fühlen, ob du wirklich Esau bist.«

Jakob trat näher, und ihm schlotterten die Knie. Unser Vater betastete seine Unterarme und vergrub die Finger in den Fellen der Böckchen. »Seltsam«, sagte er. »Die Stimme ist von Jakob, aber die haarigen Hände sind von Esau.« Und dann fragte er wieder: »Bist du das wirklich?«

»Ja!«, piepste Jakob, aus Angst, ein Wort zu viel zu sagen und sich zu verraten.

»Dann bringt mir das Essen«, sagte unser Vater. »Ich will von dem Wild meines Sohnes essen und ihn dann segnen.«

Jakob gab ihm die Schüssel, und unser Vater aß. Er gab ihm den Wein, und er trank. Dann wischte sich unser Vater über den Mund und sagte: »Komm her und küsse mich.«

Jakob trat noch näher und ging in die Knie. Dabei versuchte er die Böckchenfelle festzuhalten, die die ganze Zeit verrutschten. Aber unser Vater achtete nicht mehr darauf. Er ließ sich von Jakob küssen. Dabei wehte ihm der Duft meiner Kleider in die Nase, und er zweifelte nicht mehr, dass er mich vor sich hatte. Dann sprach er den Segen über Jakob – meinen Segen.

Die genauen Worte kann man in der Bibel nachlesen. Der Segen, den mein Vater über Jakob sprach, der meiner hätte werden sollen. Von nun an hatte Jakob Gottes Schutz und Hilfe. Wer Jakob ärgerte, bekam eins auf die Nase. Wer ihm half, der hatte Glück.

Kaum hatte unser Vater Jakob fertig gesegnet, kam ich von der Jagd zurück. Da wusste ich noch nichts von der Überraschung. Ich kochte das Lieblingsessen meines Vaters und brachte es zu ihm.

»Wer bist du denn?«, fragte mein Vater, als ich reinkam, und das war wirklich seltsam.

»Esau«, sagte ich. Und da erfuhr ich die ganze Geschichte: dass mein Bruder mich zum zweiten Mal reingelegt hatte.

»Hast du nur einen Segen, Vater?«, fragte ich. »Hast du nicht ein paar gute Worte für mich übrig?« Aber er schüttelte nur den Kopf und murmelte ein paar Worte, die mit dem richtigen Segen, wie ich ihn zuerst haben sollte, nichts zu tun hatten. Und da musste ich ehrlich gesagt ziemlich heulen. Jakob hatte mich um das Wichtigste gebracht, was mir in meinem Leben zugestanden hätte.

Und da wurde mir klar, dass ich Jakob nicht nur schlagen werde. Sondern, dass ich ihn umbringen muss.

Und unsere Mutter hatte wohl schon so etwas erwartet, denn sie rannte zu Jakob, dem Muttersöhnchen, und schickte ihn fort, damit ich nicht an ihn ran konnte.

Was danach passierte, ist Jakobs Geschichte und nicht mehr meine.

Jakob ging weg und verliebte sich und heiratete und wurde Vater vieler Kinder. Es war nicht einfach für ihn, und ein paar Mal wurde er betrogen, so wie er mich betrogen hatte.

Zwischendrin hatte er mit Gott gekämpft und Dinge gesehen, die ich nie gesehen hatte. Und ich fragte mich immer, warum er und warum nicht ich. Und hatte immer noch große Lust ihn umzubringen. Weil ich es nicht gerecht fand, dass er in dem Buch, das die ganze Welt lesen würde, so viele Seiten bekommen hatte und ich nur ganz wenig, weil ich sein Bruder war. Er hatte ein kompliziertes Leben, und ich blickte da nicht durch. Und eines Tages kam er zurück, und ich dachte, dass jetzt endlich die Zeit kam, um ihn umzubringen.

Er kehrte zurück mit seiner Familie mit zwölf Kindern, Mägden, Dienern und einer großen Herde. Ich hatte so lange darauf gewartet. Ich schärfte mein Messer und steckte es ein. Dann ging ich ihm entgegen. Ich hatte auch eine sehr große Familie mit vielen Kindern. Ich musste mich nicht vor ihm verstecken.

Als ich ihn sah, war klar, dass er ziemlich Angst vor mir hatte. Er hatte nicht vergessen, dass er mich vor Jahrzehnten mehrmals so übel reingelegt hatte. Er wusste, dass ich das Recht hatte, ihn zu schlagen. Er rechnete sogar fest damit. An ihm war immer noch nichts Besonderes: Wir waren inzwischen beide alt und ziemlich müde, und ich war grau, und er war immer noch ziemlich mickrig. Unsere Mutter, die ihn so geliebt hatte, war längst tot, und unser Vater auch.

Ich wurde unglaublich wütend, als ich ihn sah. Vor allem, als er wieder so grinste wie früher. Das Grinsen wird dir gleich vergehen, dachte ich und sagte: »Was willst du noch?«

Aber anstatt zu antworten, fiel er auf die Knie. Jakob, der kleine Bruder und Mamas Liebling und inzwischen ein ziemlich alter Mann, lag vor mir auf den Knien! Und er entschuldigte sich. Und bat mich, seine Geschenke anzunehmen, die Schafe und Rinder und was er sonst noch dabei hatte.

Ich hatte immer noch Lust ihn zu schlagen und streckte den Arm aus. Aber mein Arm tat nicht, was ich von ihm wollte. Mein Arm umarmte Jakob. Und dann küsste ich ihn auch noch. Und es ist mir nicht peinlich, dass wir beide heulten.

Ich wusste da noch nicht, dass er inzwischen nicht nur Jakob, sondern auch Israel hieß und dass ein ganzes Volk von ihm und seinen Kindern abstammen würde. Irgendwie war er doch ganz schön wichtig geworden für diese Welt, warum auch immer. Es war seine Sache, und auch die von Gott. Ich hörte auf, darüber zu grübeln. Er war Jakob und ich war Esau. Ich wusste nur, dass ich ihn nicht mehr schlagen würde.

Margot Käßmann erzählt
eine Geschichte von
Josef & seinen Brüdern

AN VATERS
ROCKZIPFEL

Josef fror. Es war ekelhaft in diesem Loch, in das ihn seine doofen Brüder geworfen hatten. Wie gemein war das denn? Diese Fieslinge! Er wusste doch ganz genau, dass er der Lieblingssohn seines Vaters Jakob war. Und sie wussten es auch. Vater Jakob würde es ihnen zeigen. Pah! Er würde ihnen schon sagen, was Sache ist. Und dann würden sie bitter bereuen, was sie ihm angetan hatten!

Armer Josef! Wenn ich nur erst einmal aus diesem ekligen kalten Loch heraus käme, dachte er. Igitt. Es war wirklich unangenehm. Dauernd hatte er das Gefühl, ein Skorpion würde ihn beißen. Ganz bestimmt krabbelte da gerade ein ganzes Ameisenvolk über seinen Fuß – wie eklig! Dunkel war es und feucht und glitschig. So eng, dass er sich nicht einmal kratzen konnte. Und wo sollte er eigentlich aufs Klo gehen, wenn er mal musste? Und Hunger hatte er und Durst. O ja, ihm war zum Weinen. Hundeelend fühlte er sich …

Aber nein! Tapfere Jungen heulen doch nicht! Josef hielt mit seiner rechten Faust fest ein Stück Stoff umklammert. Es war ein kleiner Fetzen von dem wunderbaren Mantel, den sein Vater ihm geschenkt hatte. Er hatte versucht, ihn festzuhalten, als die Brüder ihn ihm herunterrissen. Dieser Mantel war ihnen von Anfang an ein Dorn im Auge gewesen. Er war für sie das Zeichen, dass Vater Jakob seinen Josef am meisten liebte. Und wie sehr hatte ihm dieser Mantel gefallen! Josef war ganz überrascht gewesen, als der Vater nach einer langen Reise zurückkam und sagte: »Schau mal, was ich dir mitgebracht habe!« Als er sein Geschenk ausgepackt hatte, war Josef wirklich hingerissen. So einen tollen Umhang hatte er sich schon immer gewünscht! Nein, das war nicht nur ein Umhang, das war ein Mantel, eine Robe … In wunderbar bunten, geradezu leuchtenden, beeindruckenden Farben. Vater Jakob hatte den Mantel eigens für Josef weben lassen. Josef zog ihn an und fühlte sich großartig. Er war sooooo stolz! Nur ein elend kleines Stück Stoff davon hatte er jetzt noch in der Hand. Und er wischte sich damit die Tränen ab …

Ach ja, grün vor Neid würden sie sein, dachte er damals, die blöden großen Brüder. Nur Benjamin erzählte er erst einmal davon.

Der war sein einziger richtiger, voller Bruder. Beide hatten dieselbe Mutter, Rahel, aber die war bei Benjamins Geburt gestorben. Irgendwie liebten alle Benjamin deswegen – oder vielleicht bemitleideten sie ihn ja auch nur. Der arme kleine mutterlose Benjamin! Manchmal ging Josef das auch auf den Wecker. Denn er selbst war eher unbeliebt bei den großen Brüdern. Gut, er gab immer gern ein bisschen an. Er war eben auch stolz, dass der Vater ihn so sehr liebte. Das merkte doch jeder, dass er der Lieblingssohn war. Und darauf konnte er sich etwas einbilden, oder? Er und Vater Jakob – da ging kein Blatt dazwischen, sie waren sich nahe und einig und Josef war glücklich, denn er fühlte sich geliebt und beschützt und geborgen bei Vater Jakob. Und eigentlich fand er das auch gerecht. Seine Brüder interessierten sich nur für Schafe, er aber las Bücher, konnte mit dem Vater über Gott und die Welt reden.

Einmal hatte er sogar geträumt, Vater Jakob und Mutter Rahel wären Sonne und Mond und die elf Brüder Sterne ringsum und alle würden sich vor ihm verneigen. Die Brüder fanden den Traum gar nicht so lustig, als er ihn erzählte. Und selbst seinem Vater Jakob wurde das zu bunt: »Nun reicht es aber, Josef!«, sagte er. »Ein bisschen Bescheidenheit täte dir gut!«

Verstehen konnte er das ja auch. Wer will sich schon vor dem kleinen Bruder verneigen? Aber irgendwie fand Josef tief in seinem Inneren, dass er eben etwas ganz Besonderes war. Die Brüder kamen ihm manchmal so schlicht und eng und begrenzt vor. Die konnten ja gar nicht weiter denken. Was Neues machen im Leben, keine Schafe mehr – nein, das wäre nicht ihre Welt. Die machten alle nur, was alle machten. Schafe, Schafe und noch mal Schafe. Selbst seine einzige Schwester, Dina, war manchmal interessanter, fand er. Aber ein Mädchen zählte ja eh nichts.

Nun hockte er da im Loch. Josef war überzeugt, irgendwie würde der Spuk bald ein Ende haben. O nein, das würden sie sich nicht trauen, ihn hier sitzen zu lassen! Das würden sie nicht wagen. Vater Jakob würde sehr zornig werden, wenn Josef ihm das erzählte, o ja! Sie würden ganz schnell Angst bekommen, diese Möchtegernhelden: Ruben, Simeon, Levi, Juda, Issachar, Sebulon, Dan, Naftali, Gad und Asser. Benjamin war zu klein, der war ja eh nicht da. Und Dina auch nicht, die durfte gar nicht so weit weg von Vaters Zelten. Aber je länger es dauerte, desto verzagter wurde Josef. Erst war er wütend gewesen, doch jetzt bekam er langsam Angst. Immer fester umklammerte er den Rockzipfel. Und er ertappte sich dabei, dass er schluchzte: »Mama, bitte hilf mir doch!« Aber seine Mutter Rahel war tot, das wusste er. Wie oft war er eifersüchtig gewesen auf die anderen Brüder, die Lea und Bilha und Silpa als Mütter hatten. Er konnte sehen, wie sie ihre Söhne verwöhnten, mit ihnen kuschelten.

Ja, er hatte Vater Jakob. Aber das war trotzdem anders. So gern wäre er einmal wieder von Mutter Rahel in den Arm genommen worden, hätte mit ihr geschmust. Dunkel erinnerte er sich noch an das schöne, warme Gefühl in ihrem Arm. Aber jetzt war er allein. Und gerade deshalb wollte er es allen zeigen. Gut, vielleicht dachten sie, er wäre ein Angeber. Und ja, manchmal machte es ihm auch Spaß, sie ein bisschen hochzunehmen. Aber das war doch kein Grund, jetzt so entsetzlich böse zu ihm zu sein! Josef weinte. Nein, er wollte nicht weinen. Aber ein paar Tränen konnte er einfach nicht hinunterschlucken. Er wischte sie mit dem Rockzipfel ab …

Es kam noch schlimmer als alles, wovor er Angst gehabt hatte in dem Brunnen. Nach endlos langer Zeit zerrten seine Brüder ihn aus diesem furchtbaren Loch. Josef atmete auf und war froh: Endlich geschafft! Und er dachte auch: Euch zeig ich es, wartet nur ab! Mit euch rechne ich noch ab. Vater Jakob macht euch fertig.

Aber er kam nicht nach Hause, sie hatten ihn einfach an wildfremde Leute verkauft. Das war ein tiefer Schock! Josef hatte einen dicken Kloß im Hals. Sie konnten ihn doch nicht verkaufen! Er wurde von wildfremden Männern, deren Sprache er gar nicht verstand, hinter einem alten Mann auf ein Kamel gebunden. Da weinte er wieder in den Rockzipfel. Und er sagte kein Wort mehr. Er konnte nicht essen und nicht trinken. Er fühlte sich so jämmerlich allein. Das war doch alles nur Unsinn gewesen – unter Brüdern sozusagen! Das konnten sie mit ihm nicht machen! Er hatte sie doch eigentlich lieb und wollte nur ein bisschen angeben. O wie furchtbar! Josef hatte Angst. Er zitterte.

Das war wirklich schlimmer als jeder Alptraum. Nein, das hatte er nicht gewollt. Vater Jakob fehlte ihm. Nach Benjamin und Dina hatte er Sehnsucht. Und sogar nach den blöden großen Brüdern. Die hatten wirklich nicht gewusst, was sie ihm da antaten.

Es wurde eine elend lange Reise. Josef versuchte zu träumen, sich wegzudenken. Er hing auf diesem Kamel fest, fühlte sich fremd, heimatlos, fast tot irgendwie, wie ein Ding, eine Sache, eine Ware. Er wollte nur nach Hause, weg aus diesem Alptraum. Die Männer waren unangenehm und wüst, sie machten Witze, lachten laut und er hatte Angst.

Am Ende der Reise, als Josef sich entsetzlich schwach fühlte und fast verhungert war, wurde er auf einem Markt zum Verkauf als Sklave angeboten. Das war grauenvoll. Er kam sich vor wie ein Stück Vieh.

Ein Mann namens Potifar kaufte ihn und der Mann war wirklich nett. Josef gefiel es gut bei ihm zu Hause, fast ein bisschen wie ein Vater war der zu ihm. Alles wurde besser und Josef atmete auf. Er konnte wieder essen und trinken und erledigte alle Arbeiten, die ihm aufgetragen wurden, so gut er nur konnte. Den Rockzipfel aber hatte er immer bei sich. Und wenn es ganz schlimm wurde mit dem Heimweh, dann steckte er die Hand in die Tasche und drückte das Stück Stoff ganz fest.

Allerdings gab es ein Problem. Die Frau von Potifar war sehr nett zu ihm. Aber sie versuchte immer wieder, ihn allein zu treffen. Und dann drängte sie sich mit ihrem Körper ganz dicht an ihn heran. Sie streichelte ihn. Oder sie versuchte, ihn auf ihren Schoß zu ziehen. Das war unangenehm! Josef mochte sie gern, aber das war zu eng. Am liebsten wäre er weggelaufen. Doch wohin? Er wusste einfach nicht, was er tun sollte so ganz allein in Ägypten. Ihm war die Zärtlichkeit der Frau irgendwie unangenehm.

Doch mit wem sollte er darüber reden, wen sollte er denn fragen? Er hatte solche Sehnsucht nach zu Hause, nach seinem Vater. Jakob hätte ihm sicher raten können, was er tun könnte. Eines Tages kuschelte sich die Frau ganz dicht an ihn – da lief er einfach ganz schnell weg. Sie aber sagte ihrem Mann, er sei zudringlich geworden, hätte sie angefasst an der Brust.

Potifar glaubte seiner Frau und ließ Josef ins Gefängnis werfen.

Wieder steckte er also in so einer dunklen Höhle. Wie konnte das nur passieren? Josef fühlte sich so allein und jämmerlich wie damals in dem Loch, in das seine Brüder ihn gesteckt hatten. Scheußlich. Allein. Verlassen. Das Einzige, woran er sich noch festhalten konnte, war der alte abgegriffene Rockzipfel. Die Farben leuchteten allerdings schon längst nicht mehr …

Es dauerte lange, bis Josef sich im Gefängnis zurechtfand. Er war allein und ein Ausländer noch dazu. Keiner besuchte ihn, wer auch? Und einige der Mitgefangenen waren furchteinflößend. Aber nach und nach wurden die anderen Männer eigentlich ganz nett. Er tat ihnen leid, dieser mutterlose Junge aus Israel. Sie fingen an, sich um ihn zu kümmern. Und manchmal konnte Josef sogar wieder lächeln.

Im Laufe der schrecklichen Zeit im Gefängnis entdeckte Josef, dass er eine besondere Gabe hatte. Wenn andere etwas träumten, fiel ihm ein, was das bedeuten könnte. Das machte ihm bald richtig Spaß: Träume deuten. Die Mitgefangenen fingen an, sich ihre Träume zu merken, anstatt sie morgens gleich nach dem Aufwachen zu vergessen. Und manchmal waren sie alle ganz gespannt, wenn der Frühstücksbrei kam, was Josef nun sagen würde zu dem Traum von dem einen oder dem anderen. Auch die Gefängniswärter hatten Freude daran, das wurde zu einer richtig spannenden Morgenrunde. Und oft staunten sie, wie recht Josef hatte mit seinen Traumdeutungen.

Eines Tages hatte der mächtige Herrscher im Land, der Pharao, einen Traum und der machte ihm Sorgen. Da waren dicke, fette Kühe und magere, ausgehungerte Kühe – die bedrängten ihn irgendwie, furchtbar, ein richtiger Alptraum. Einer seiner Diener hatte im Gefängnis gesessen und Josef kennengelernt. Er erzählte dem Pharao von ihm und der ließ ihn holen.

Als Josef von den fetten Kühen hörte, knurrte erst einmal sein Magen. Auf so ein dickes fettes Stück Fleisch hätte er jetzt echt Lust gehabt! Aber er konnte sich zusammenreißen. Und er überlegte lange. Dann sagte er: »Mächtiger Herrscher, du musst aufpassen! Wenn du jetzt ganz viel Gewinn machst, kommen vielleicht Jahre, in denen es ganz schlecht aussieht. Sieh einfach zu, dass du langfristig denkst und ein bisschen Vorrat anlegst …«

Erst dachte der Pharao: »Wie langweilig! Ich freue mich doch, dass ich so große Ernten habe! Da will ich es mir richtig gut gehen lassen. Dieser Josef nervt!« Dann dachte er aber: »Josef hat wahrscheinlich recht. Er klingt wie ein Spielverderber! Aber wenn ich so richtig nachdenke: Vielleicht wäre es gut, ein bisschen vorzusorgen. Ich habe ja Verantwortung für all die Menschen in meinem Land.

Doch, es wäre wohl klug, an Morgen zu denken und nicht nur an Heute.«

Gedacht, getan. Der Pharao stellte Josef als Planer ein. Und der sorgte dafür, dass in den guten Zeiten, in denen sie gerade lebten, Nahrungsmittel gespeichert wurden. Scheunen wurden gebaut, Korn wurde gelagert. Manche lachten darüber und sagten: »Wie zaghaft seid ihr denn? Schlagt euch die Bäuche voll, es geht uns doch gut! Was soll dieses Gerede: ›Für Morgen sorgen‹ – das ist doch Unsinn! Genießt das Leben, so gut wie es uns jetzt geht.«

Aber dann kamen schreckliche Zeiten. Erst war es zu trocken und die Ernte verdorrte. Dann regnete es einen ganzen Sommer lang und alles Korn verfaulte auf den Feldern. Schließlich rasten solche Stürme über das Land hinweg, dass kein Halm stehen blieb. Jahr für Jahr keine Ernte! So entstand eine große Hungersnot in der ganzen Region. In Ägypten aber musste Gott sei Dank niemand leiden, da waren ja Vorräte. Josef wurde berühmt und gefeiert, weil er klug vorgesorgt hatte. Die Menschen waren ihm dankbar, denn sie mussten nicht hungern.

Eines Tages kamen Männer aus Israel und wollten Essen kaufen, weil ihre Familien hungerten. Josef traf fast der Schlag, als sie ihm vorgestellt wurden. Da waren sie: Ruben, Simeon, Levi, Juda, Issachar, Sebulon, Dan, Naftali, Gad und Asser! Die Brüder erkannten ihn nicht, aber er wusste sofort, wen er vor sich hatte. Ihm wurde richtig schlecht. Er musste erst einmal weggehen in seine eigene Wohnung. Er wollte allein sein. So ein Schreck! Alles tat ihm weh. Er ging eine Runde im Nil schwimmen, streichelte seine Lieblingskatze und dachte nach.

O ja, am liebsten würde er sie köpfen oder noch besser: in einen Brunnen werfen lassen und dann sagen: Na, wie fühlt ihr euch so? Aber tief drinnen im Herzen freute er sich auch, sie zu sehen. Er umklammerte den Rockzipfel, der schon ziemlich dünn und abgeschabt war, legte sich auf sein Bett und dachte nach. Er schlief ein und träumte von früher. Da hatte er mit den Brüdern gestritten, die Schafe gehütet, war abends im Zelt dabei gewesen, wenn sie Geschichten erzählten. Doch, schön war es gewesen, bei allem Streit …

Als Josef von seinem Nickerchen aufwachte, ging es ihm besser. Er hatte das Gefühl, neue Kraft zu haben. Als ob Gott ihm im Traum gesagt hätte: Versöhn dich nur, lass es gut werden!

Vor allem an seinen Vater Jakob, an den kleinen Bruder Benjamin und seine Schwester Dina dachte er. Und ja, seine älteren Brüder waren zwar gemein und böse gewesen zu ihm, aber das waren doch seine Geschwister und er war hier ein Fremder, ganz egal, wie gut er die Sprache inzwischen verstand und wie gut er sich mit dem Pharao angefreundet hatte. Ja, er hatte Freunde in Ägypten, aber das war etwas anderes als seine Familie.

Benjamin war nicht dabei. Deshalb dachte sich Josef eine kleine List aus, wie er ihn wiedersehen könnte. Er sagte den Brüdern, sie dürften wie gewünscht Getreide kaufen. Simeon aber müsste bei ihm in Ägypten bleiben, bis sie wiederkämen und ihm auch ihren jüngsten Bruder zeigten.

O ja, Josef wollte Benjamin soooooo gerne sehen. Er merkte auf einmal, wie sehr er den kleinen Bruder vermisste. Jetzt, wo er den anderen wiederbegegnet war, wollte er unbedingt auch Benjamin sehen.

Die Brüder ließen sich darauf ein. Sie nahmen das gekaufte Getreide mit und ließen Simeon zurück. Aber sie hatten kein gutes Gefühl bei der Sache. Einerseits brauchten ihre Familien die Lebensmittel. Andererseits war es, als ob sie schon wieder einen Bruder verkauft hätten. Das schlechte Gewissen hatte sie all die Jahre geplagt. Ja, sie waren eifersüchtig gewesen auf den kleinen Angeber Josef. Aber niemals hätten sie Josef weggeben dürfen. Ihrem Vater war damals fast das Herz gebrochen. Sie hatten ihm den Mantel von Josef gezeigt, da hatten sie Blut von einem Schaf drauf geschmiert. So glaubte Vater Jakob, Josef wäre von einem wilden Tier getötet worden. Sie hatten gemein gelogen damals, das war schrecklich. Sie hatten es nie vergessen und es lastete auf ihrer Seele ...

Als sie nach Hause kamen, war Vater Jakob außer sich, als sie ihm alles erzählten. Erst Josef damals verschwunden, dann Simeon zurückgelassen und jetzt sollte Benjamin verschleppt werden? Nein, er wollte nicht noch einen Sohn verlieren! Jakob liebte seine Kinder. Er war verzweifelt.

Als aber der Hunger wieder größer wurde, war klar: Sie brauchten neues Getreide aus Ägypten. Am Ende ließ Jakob die großen Brüder mit Benjamin schweren Herzens wieder nach Ägypten ziehen. Benjamin freute sich. Er hatte immer schon einmal reisen wollen, aber der Vater hatte dauernd Angst um ihn, seit Josef verschwunden war. Er fand das aufregend: Aufbrechen, etwas Neues sehen! Und so kamen sie nach Ägypten, kauften Getreide und machten sich auf den Heimweg. Josef aber konnte nicht anders, er hatte eine kleine Lust zur Rache. Etwas an Angst wollte er ihnen doch heimzahlen, auch wenn er wusste, das war nicht gerade nett und freundlich. Deshalb ließ er im Gepäck von Benjamin einen goldenen Becher verstecken. Dann schickte er seine Polizisten hinterher. Die fanden den Becher und verhafteten Benjamin.

Die großen Brüder waren schockiert! Sie konnten doch nicht nach Hause fahren ohne Benjamin! Vater Jakob hatte ihnen so sehr ans Herz gelegt, sie dürften ihn nicht aus den Augen lassen. Alle hatten sie fest versprochen, auf ihn aufzupassen. So gingen sie zu Josef und baten ihn, Benjamin freizulassen. Sie sagten, sie hätten schon einen Bruder verloren. Da verlor Josef die Fassung. Er weinte und sagte: »Das war ich! Und ihr habt mich verkauft.« Die anderen erschraken. Langsam erkannten sie Josef und waren so froh, dass er noch lebte! Wie viele Vorwürfe hatten sie sich seit damals gemacht! »Bitte Josef, verzeih uns! Wir waren eifersüchtig und dumm! Es tut uns so leid!« »Mir auch!«, rief Josef. Und dann umarmten sich die Männer und weinten alle miteinander. All die Jahre hatten die älteren Brüder so ein schlechtes Gewissen gehabt, ja Alpträume. Sie hatten ihren Bruder verkauft, den Vater angelogen – nein, es war ihnen gar nicht gut gegangen damit und allzu gern hätten sie Josef wieder zurückgeholt. Aber es war keine Spur zu finden gewesen. Das war schlimm. So eine Schuld, die alle belastet, und keiner wagt es, darüber zu sprechen.

Josef ließ ein großes Festmahl aufdecken. Und sie beschlossen, den Vater so schnell wie möglich zu holen. Als der endlich kam, wurden Josef die Knie weich. Es war so unvorstellbar, dass er seinen Papa wieder umarmen konnte! Und der alte Jakob weinte, denn er hatte all die Jahre gedacht, sein Sohn Josef wäre von einem Löwen gefressen worden. Es war so schön, dass sie alle wieder zusammen waren. Egal, wie viel Streit es gegeben hatte! Sie waren eine Familie und sie konnten sich verzeihen. »Versöhnen ist schön«, dachte Josef.

Der Pharao aber fand es ganz großartig, dass Josef nun seine ganze Familie bei sich hatte, denn dann würde er sicher nie wieder weggehen. Also schenkte er ihnen Land und sie bauten Häuser und blieben. So fand die ganze große Familie von Josef ein neues Zuhause in Ägypten.

Eines Abends, als Josef endlich einmal ganz allein mit seinem Vater Jakob am Feuer zusammensaß, zeigte er ihm den Rockzipfel. Der war nun wirklich alt und ausgewaschen, das schöne Muster von damals war gar nicht mehr zu erkennen und vom vielen Drücken war der Stoff ganz dünn geworden. Josef sagte: »Daran habe ich mich immer festgehalten!« Der Vater sagte: »Als sie mir deinen Rock brachten und Blut daran war und ich dachte, ein wildes Tier hätte dich getötet ... Damals habe ich ein Stück von dem Rock abgeschnitten und in meine Tasche gesteckt. Schau, hier ist es!« Beide Stoffstücke waren abgegriffen, weil Jakob und Josef sie so oft in der Hand geknetet hatten aus Liebe und aus Angst. Da lachten sie. Und warfen die Rockzipfel ins Feuer: »Jetzt haben wir uns selbst, an denen wir uns festhalten können!«, rief Josef. »Ja«, sagte Vater Jakob, »mein Sohn, ich habe dich wiedergefunden. Gott sei Dank!«

Sibylle Berg erzählt eine
Geschichte von Moses,
Pharao und den zehn Plagen

ES WAR EINMAL VOR LANGER ZEIT IN ÄGYPTEN …

Geschichte wirklich zu begreifen, ist schwierig. Alles was wir heute wissen, beruht auf Überlieferungen, Zahlen und Vermutungen. Man kann nicht vor Ort sein und die Hitze spüren oder den Regen, den trockenen Nil kann man nicht riechen. Der Ort, zu dem wir heute reisen, existierte schon 5000 Jahre vor unserer Zeit. Vielleicht waren es auch nur 4228 Jahre, wer kann das schon so genau sagen. Ägypten. Dort regierten damals Könige, die Pharaonen genannt wurden. Sie waren eine Mischung aus Mensch und Gott, jedenfalls behaupteten die Pharaonen das. Es half, um die Bevölkerung zu ängstigen und ruhig zu halten, denn Götter können nicht irren. Aber sehr zornig werden. Im damaligen Ägypten lebten viele einfache Bauern, Handwerker, aber auch bereits Künstler, die Zeichnungen und Plastiken schufen, die bis heute außerordentlich gut sind. In der Zeit, in die wir heute reisen, gab es schon Gebäude aus Stein und große Paläste. Die Hütten, die an den Ufern des Nils und seinen Flussarmen standen, waren von den Bauern und Händlern bewohnt. Die waren nicht so groß wie die Menschen heute, sie wurden selten so alt und ihre Haut war dunkel von der Sonne. Mädchen wurden oft schon mit zwölf Jahren verheiratet. Sie wurden einfach über die Straße geführt und im Haus des Mannes abgeliefert. Kein großes Theater.

Es gab damals schon Kosmetikartikel, eine Form der Rechtsprechung und Ärzte, die komplizierte Operationen durchführten. Aber es muss dennoch recht gestunken haben, fließendes Wasser gab es nicht, doch der Nil, der ständig über die Ufer trat, wurde bereits in clevere Dränagen umgeleitet. Am besten stellt man sich die Menschen damals vor wie wir. Nur mit viel weniger Zeit, denn alles, was es zum Leben brauchte, musste mühsam hergestellt werden, Nahrung, Baumaterial, Kleidung, alles wurde gesät, geerntet, von Tieren gewonnen, gewoben und verarbeitet. Die härtesten Arbeiten in den Steinbrüchen und auf dem Bau wurden von Sklaven verrichtet. Einige waren Kriegsgefangene, denn Kriege gibt es, seit Menschen existieren. Viele waren aber Hebräer, die aus dem Land Kanaan, in dem es eine große Dürre gegeben hatte, nach Ägypten ausgewandert waren.

Das waren die Hebräer, die Kinder Israels.

Später würden sie das Volk der Juden bilden, doch im Moment, jetzt, da unsere Geschichte spielt, lebten sie in Armut und Unterdrückung. In Ägypten waren sie die Fremden, die man immer ein wenig misstrauisch beobachtete. Wir können nur wissen, was aus jener Zeit aufgezeichnet wurde, die einzigen Geschichtsbücher sind das Alte und das Neue Testament, das von Männern geschrieben wurde, denn auch zu jener Zeit gab es schon eine Ungleichheit zwischen Männern und Frauen. Es ist also die Sicht von Männern auf die Welt vor langer Zeit, und vielleicht heißt es darum auch: der Gott. Wir stellen uns einen Mann vor, obwohl das komisch ist, dass irgendwo ein Mann wohnt und alles sieht, es könnte auch eine Frau sein oder ein Kind oder einfach eine Kraft, die dem Menschen erklärt, was er nicht begreifen kann.

In den Büchern steht, dass der Pharao, der Herrscher, irgendwann befürchtete, dass das Volk der Hebräer zu übermächtig würde. Er ordnete an, dass alle männlichen Babys der Kinder Israels getötet werden sollen. Es gab (und das war kein Zufall, wie wir sehen werden) eine Hebamme, die Mitleid mit einem Baby hatte und es verschonte. Die Mutter legte das Baby in ein Körbchen und setzte es auf dem Nil aus. Wieder kein Zufall, wurde das niedliche Kind von der Tochter des Pharaos gefunden. Sie brachte den Kleinen in den Palast, wo er unter dem Namen Moses aufwuchs. Dumm gelaufen für den Pharao, denn Moses würde einst der größte Prophet, also auch eine Art Führer der Hebräer werden.

Später, als erwachsener Mann am Hof lebend, sprach Gott zu Moses. Wie genau er das tat, können wir natürlich nicht wissen. Vielleicht hatte Moses einen Traum, oder es war so, wie es eben ist, wenn Menschen auf einmal ihre Aufgabe begreifen. Moses' Lebensaufgabe war das Volk der Hebräer, zu dem er gehörte, die Fremden, die Sklaven, aus Ägypten in ein eigenes Land zu führen, das noch in unklarer weiter Ferne lag.

Moses trat also vor seinen Ziehvater. Lieber Pharao, sagte er vielleicht, bitte entlasse die Sklaven in die Freiheit! Sind nicht alle Menschen gleich vor Gott und haben ein Recht auf ein selbstbestimmtes Leben? Sagte er vielleicht.

Der Pharao fand die Idee absolut unsinnig. Vielleicht hat er sogar gelacht, aber das sollte ihm schnell vergehen. Jedes Argument von Moses half nichts, seine Bitten nichts, und so musste Gott ihnen ein wenig Nachdruck verleihen.

Gott schickte den Ägyptern Argumente, um dem Pharao ein wenig bei seiner Entscheidung zu helfen.

Und nun beginnt unsere Reise nach Ägypten vor vielen tausend Jahren in die Zeit der Großen Plagen.

Eines Morgens, als die Menschen in Ägypten an den Nil und seine Wasserarme gingen, um die Wäsche zu reinigen, die Felder zu bewässern, zu trinken, hatte sich das Wasser zu Blut verwandelt. Es stank furchtbar. Das Wasser ging zurück, die Sonne stach vom Himmel. Und die Menschen waren durstig. Blut kann man natürlich trinken, es schmeckt nur einfach nicht, und wenn es ein wenig länger steht, riecht es noch furchtbarer. Die Hitze flirrte, die Fische starben, die Menschen hatten kein Trinkwasser und mit den Fischen fiel eine wichtige Nahrungsquelle weg. Der Pharao, der vermutlich in seinem Palast genug Vorräte hatte und bei dem auch der Geruch erträglicher war, denn tote Fische und altes Blut müssen furchtbar gerochen haben, war von der ersten Plage nicht sonderlich beeindruckt. Nein, ich lasse die Sklaven nicht ziehen, mag er gesagt haben, oder auch: Ich denke nicht dran nachzugeben. Was man eben so sagte, als Pharao damals. Damit dachte er, wäre die Sache beendet. Der Pharao hatte aber die Kraft des Guten unterschätzt.

Und darum folgte bald schon die zweite Bestrafung: die Frösche.

Vereinzelte Frösche in Teichen sind niedlich, nun aber quollen sie zu Millionen in die Städte. Keinen Fuß konnte man vor den anderen setzen, ohne auf einen Frosch zu treten. Die Frösche füllten die Häuser, sie hockten an den Ufern der Flüsse, sie machten den Boden unsichtbar, sie waren eklig, glibberig und lästig. Die Ägypter erwachten in ihren Lagern und waren umzingelt von Fröschen, die Tiere hockten auf den Menschen, in den Kleidern, im Essen. Sie wurden unter Füßen zermalmt, sie starben und stanken, und auch die Kinder, die am Anfang noch Spaß daran hatten, die Tiere zu fangen und ihnen beim Springen zuzusehen, begannen zu weinen, weil sie Angst bekamen. Würden die Frösche nie wieder weggehen, fragten sie sich. Und der Pharao? Der war immer noch nicht bereit nachzugeben. Der Kampf gegen Gott, gegen die Kraft des Guten, hatte aber gerade erst begonnen. Moses fragte den Pharao erneut: Lässt du meine Leute ziehen? Lässt du sie in Freiheit leben, in einem selbstbestimmten Dasein? Der Pharao lehnte ab. Es ging ihm ja noch gut, er hatte Angestellte, die die Frösche aus seinem Palast schaufelten und das Bett von den Tieren befreiten.

Und so zeigte Gott seine Macht erneut. Es traf bei diesem Kräftemessen, wie so oft bei Kriegen und Konflikten, die einfachen Menschen, doch der Pharao hätte ja jederzeit nachgeben können, wenn sein Volk und dessen Leiden ihm wichtig gewesen wären. Tat er aber nicht. Er beharrte auf seiner Gottgleichheit, auf seinem Willen, ohne zu fragen, ob es gerecht war, Menschen zur Arbeit zu zwingen und sie zu Unfreien zu erklären. Ihnen vorzuschreiben, wen sie heiraten durften und wo sie leben mussten. Nicht zu vergessen der grausame Mord der kleinen Babys der Hebräer.

Also folgte die dritte Lektion:

Nun kamen die Stechmücken. In schwarzen Wolken fielen sie über Menschen und Tiere her, die Haut aller Lebewesen wurde eine juckende Fläche voller großer Quaddeln. Die Mücken waren überall, sie stachen unentwegt, die Tiere schrien, sie konnten sich ja nicht kratzen, nicht wehren. Die Menschen liefen fuchtelnd durch die Straßen, sie versuchten sich unter Stoffen zu verstecken. Sie konnten nicht schlafen, weil ihre Körper so juckten und weil die Tiere so einen Lärm machten in ihren Ställen. Der Pharao war inzwischen so weit gegangen, dass er vielleicht glaubte, seine Ehre würde angetastet, wenn er nachgeben würde. Und wieder ließ er die Menschen nicht ziehen, wieder sagte er Nein, und wieder dachte er kurz, er hätte gewonnen.

Hatte er nicht. Moses gab nicht auf. Er hatte die stärkste Kraft zum Verbündeten – und die schickte nun die Stechfliegen. Genau kennt man sie heute nicht mehr, vielleicht waren Stechfliegen etwas wie Hornissen oder Bremsen, aber es muss ein sehr bösartiges Insekt gewesen sein, das das Essen verdarb, das Holz angriff, die Hütten und Häuser zum Einsturz brachte, die Menschen quälte und außerordentlich eklig war. Wie schon bei den Mücken war nun jeder Zentimeter Mensch, Tier und Erde von Stechfliegen übersät, und die Ägypter hatten es satt. Vermutlich wurde es so unruhig in der Bevölkerung, dass der Pharao ein wenig nachgeben musste. Damals sagte man noch nicht OK, aber etwas in der Art musste der Pharao Moses erwidert haben, OK, ich lasse die Menschen nicht frei, aber erleichtere ihr Leben ein wenig. Ihr könnt gehen, aber nicht zu weit, sagte der Pharao. Die Hebräer packten ihre Sachen und wollten gerade losgehen, die Stechfliegen waren verschwunden, als der Pharao seine Zusage zurücknahm. Er hatte sein Wort gebrochen.

Die Gefangenen, die Menschen, die wir später als Juden kennen würden und die, viel später, im heutigen Israel leben sollten, waren von all den Plagen verschont geblieben. Das hätte dem Pharao zu denken geben müssen, hätte ihm zeigen können, dass es falsch ist, Menschen schlecht zu behandeln, zu unterdrücken. Doch er lernte nichts, wollte nicht verstehen, und darum folgte die fünfte Lektion: die Viehpest.

Rinder, Pferde, Esel, Kamele und Schafe wurden von der Krankheit befallen und alle infizierten Tiere starben. Ganz Ägypten war nun von den Schreien der Tiere erfüllt. Es klang, als würden Menschen stöhnen, wimmern und flehen, eines nach dem anderen ging zu Boden, und die

Menschen waren damit beschäftigt, die Körper der toten Tiere zu verbrennen. Ein beißender Geruch im ganzen Land, keiner mehr, der auf den Feldern arbeitete, kein Büffel zum Ziehen des Pfluges, keine Milch von Ziegen, Schafen und Kühen, keine Eier, kein Tier, das man essen konnte, keine Wolle, um Kleidung herzustellen. Bedenkt man, wie viel der Mensch von Tieren geschenkt bekommt, denkt man, wie es wäre, gäbe es sie nicht mehr, dann würde es recht einsam und leer auf der Erde. Moses fragte den Pharao, der ja fast sein Vater gewesen war, ob er nun die Kinder Israels, wie sie auch mancherorts hießen, gehen lassen würde. Doch was interessierten den Pharao tote Nutztiere! Seine Papageien waren wohlauf, er sah keinen Grund nachzugeben. Und so verstrich für den Pharao wieder eine Gelegenheit, klug zu handeln.

Im Lager der Hebräer, der Sklaven, der Kinder Israels, der Juden, die sie bald werden würden, herrschte Hoffnung. Natürlich tat den Menschen leid, was um sie geschah, doch ihr Wunsch nach Freiheit war größer als das Mitleid. Die Frauen und Männer wollten, was alle vernünftigen Eltern sich für ihre Kinder wünschen: Sie sollten frei und mit den besten Möglichkeiten aufwachsen.

Nachdem der Pharao erneut bewiesen hatte, dass ihn sein Volk, das er weise regieren sollte, nicht interessierte, folgte eine schreckliche neue Plage für die Menschen in Ägypten, die all das Elend nicht verdient hatten. Zwar gingen sie davon aus, über den Hebräern zu stehen, betrachteten sie als Leibeigene, Fremde, aber es war zu jener Zeit noch nicht wie heute, wo wir wissen, dass alle Menschen gleich sind und allen die gleichen Rechte zustehen. Dass keiner sich aufgrund der Herkunft oder des Glaubens von einem anderen unterscheidet, denn wir alle sind Menschen, die glauben, es richtig zu machen. Das wusste man damals noch nicht, man kann es den Leuten nicht vorwerfen.

Die nächste Bestrafung für den uneinsichtigen Pharao folgte gleich: Nun brach eine schreckliche Krankheit aus, die die Haut der Menschen mit grauenhaften Geschwüren und Beulen bedeckte. Schmerzhaft, eklig anzusehen, und wer schon einmal eine Hautkrankheit hatte, weiß, wie es juckt und schmerzt und kein Schlaf zu finden ist. Die Ägypter versuchten sich schamvoll zu bedecken, weil sie so schrecklich aussahen. Sie kratzten sich, schabten sich, und versuchten irgendwo eine Linderung zu finden. Aber der Einzige, der ihnen hätte helfen können, blieb stur. Der Pharao lenkte nicht ein.

Dann verkündete Moses dem Pharao, ein Hagelsturm, wie es ihn nie zuvor gegeben habe, werde das Land verwüsten. Kein Mensch, kein Tier, kein Baum und keine Pflanze würde verschont bleiben. Schutz werde es nur in den Häusern und Scheunen geben. Moses wollte nicht, dass die einfachen Menschen leiden, darum warnte er sie, und die Klugen nahmen die Warnung an. Andere ignorierten sie und ließen die wenigen Tiere, die noch am Leben waren, auf den Feldern. Der Pharao zuckte mit den Schultern. Vielleicht lachte er wieder und Moses sagte: Du hast es nicht anders gewollt. Im Nu prasselte der Hagel aufs Land, Donner grollte und Blitze machten die Nacht taghell. Die Hagelkörner erschlugen alle Menschen und Tiere, die im Freien geblieben waren, und sie zerfetzten die Pflanzen auf den Feldern. Die Bäume lagen auf dem Boden. Der Pharao ließ Moses zu sich rufen und bat ihn, den Spuk zu beenden, denn er verstand, dass von seinem Land nicht viel übrig bleiben würde, falls das Unwetter nicht endete. Ich lasse sie gehen, ich lasse sie gehen, sagte der Pharao und sofort endete der Hagel, die Sonne kam zum Vorschein und beleuchtete das Schlachtfeld, das Gott und die Natur übrig gelassen hatten. Im selben Moment nahm der Pharao sein Wort zurück. Vielleicht sagte er: Och, ich habe es mir anders überlegt. Die Sklaven bleiben hier.

Bevor Moses den Palast seines Ziehvaters verließ, drohte er ihm mit einer noch schlimmeren Plage oder Strafe. Doch der Pharao blieb stur, obwohl seine Berater gerne nachgegeben hätten. Und so nahm das Elend seinen Gang. Ein Ostwind kam und brachte riesige Heuschreckenschwärme ins Land. Sie verdunkelten die Sonne und fraßen alle Pflanzen, die noch übrig waren. Die riesigen, handtellergroßen Insekten ruinierten das ganze Land Ägypten. Sie fraßen, was ihnen in den Weg kam. Davon abgesehen war es unglaublich mühsam für die Menschen, aus dem Haus zu gehen. In Wolken von Heuschrecken, nicht zu vergessen, dass es kaum mehr Nahrung gab und die Häuser Ruinen waren. Der Pharao wusste, dass etwas geschehen musste, wenn nicht sein Reich vernichtet werden sollte. Er sicherte Moses zu, seine Leute gehen zu lassen. Also erst mal nur die Männer. Die Heuschrecken verschwanden so schnell, wie sie gekommen waren. Und wieder änderte der Pharao seine Meinung.

Es gibt heute Wissenschaftler, die glauben, alle aufgeführten Ereignisse hätten wirklich stattgefunden, und die Ursache wäre eine furchtbare Dürre gewesen, die Insekten und Krankheiten von Mensch und Tier nach sich zog. Doch wie will man das Folgende erklären?

Nachdem der Pharao sein Wort gebrochen hatte, sandte Gott durch Moses' Hand eine umfassende Finsterkeit auf die Menschen. Keiner sah den anderen, die Sonne schien nicht mehr, es war kalt und still wie nach dem Ende der Welt. Die Menschen waren verängstigt, die Kinder weinten, Tiere gab es nicht mehr, und draußen standen die Felder verdorrt. Das ist das Ende der Menschen, mögen manche gesagt haben, als sie die unendliche Dunkelheit schauten. Jetzt sah auch der Pharao langsam ein, dass er einen aussichtslosen Kampf führte, und er versuchte mit Moses zu handeln. Ja, er würde die Menschen gehen lassen. Aber die Tiere der Hebräer, die ja unbeschadet geblieben waren, sollten bleiben. Nun war Moses langsam ungehalten, er wird als sanftester Mensch auf Erden beschrieben, aber all das unnütze Leid, das Kräftemessen mit Gott, machte ihn zornig und er gab nicht nach. Nein, alle würden gehen, sonst würde das Elend für die Menschen in Ägypten andauern. Der Pharao war außer sich und sah seine Niederlage. Geh, sagte er zu Moses, und komm nie wieder, denn wenn ich dich wiedersehe, wirst du sterben!

Moses erwiderte, ein weiterer Besuch sei unnötig, weil Gott eine letzte Plage über Ägypten senden werde. Genau um Mitternacht werde Gott durch Ägypten gehen und alle erstgeborenen Kinder und Tiere töten. Man werde laute Schreie in Ägypten hören, und die Ägypter würden Todesangst ausstehen. Der Pharao selbst werde die Hebräer bitten, Ägypten sofort zu verlassen. Dann ließ Moses den wütenden Pharao allein. Vielleicht rief der Herrscher so etwas wie: Dann geht in Gottes Namen, denn am gleichen Abend verließ Moses mit allen Kindern Israels das Land Ägypten und machte sich auf eine vierzigjährige Reise durch die Wüste, an deren Ende das Volk sein neues Zuhause finden würde.

Aber das ist wieder eine neue Geschichte. Und hier endet unser Ausflug in das alte Ägypten. Wir sind wieder zu Hause, in einer besseren Zeit, in der die Menschen schlauer geworden sind. Oder etwa nicht?

Arno Geiger erzählt
eine Geschichte aus Ninive

JONA TOBT

Von Beruf war Jona Prophet. Ein schwieriger Beruf. Jonas Aufgabe bestand darin, schlechte Nachrichten zu verkünden. Manchmal durfte er auch gute Nachrichten verkünden, aber selten. Leider gab es in Jonas Welt und gibt es in unserer Welt vom Schlechten mehr als vom Guten. Es gibt mehr schlechte Nachrichten als gute, mehr Irrtümer als Richtiges, mehr schmutzige Straßen als saubere. Es gibt sogar mehr Schuhe, die drücken, als bequeme Schuhe. Jona trug Sandalen.

Jona war ein guter Prophet, aber ein schwieriger Mensch. Er geriet leicht in Wut. Zuerst gurrte er wie ein Täubchen und plötzlich brüllte er wie ein Löwe. Und immer machte er sich eigene Gedanken. Das war unbequem.

Von Anfang an hatte Jona manchmal gestöhnt:

»Schon wieder eine schlechte Nachricht. Nimmt das denn nie ein Ende?«

Gelegentlich, wenn ihm etwas gegen den Strich gegangen war, hatte Jona vor Zorn mit seinem Wanderstab gegen einen Baum geschlagen, bis er müde geworden war. Aber die Nachrichten hatte er immer überbracht, die schlechten und die guten.

Als Gott ihm auftrug, nach Ninive zu gehen und den Bewohnern von Ninive zu sagen, sie hätten es zu weit getrieben, in vierzig Tagen werde die Stadt vernichtet, zog Jona seine Stirn in Falten. Er wusste so gut wie Gott, dass in Ninive alles drunter und drüber ging. Ninive war eine schlechte Stadt. Sogar die Kinder waren böse, man brachte es ihnen in der Schule bei. Und die Erwachsenen waren um kein Haar besser. Bei Groß und Klein herrschten die schlimmste Lieblosigkeit, die man sich denken kann, und die schlimmste Brutalität, die man sich denken kann. Niemand konnte Spiele spielen, niemand konnte singen, alles falsch und schief. Keiner konnte rechts und links unterscheiden, keiner lesen und schreiben. Stattdessen schlugen sie sich gegenseitig die Zähne aus und brachen sich die Nasen, das gab Blut. In Ninive gab's täglich Blut.

So war's, jawohl. Und zum schlechten Ansehen, das Ninive hatte, sollte jetzt die schlechte Nachricht kommen, überbracht von Jona.

»Ihr Mörder und Kriminellen, in vierzig Tagen schlägt der Herr eure Stadt in Trümmer und wirft den Schutt ins Meer.«

Etwas in dieser Art sollte Jona verkünden.

»Gut«, sagte er zu Gott: »Kann ich gehen?«

»Ja, geh nur«, sagte Gott.

Aber Jona dachte bei sich, dieser Auftrag geht mir beim einen Ohr rein und beim anderen raus. Jona hatte genug vom Überbringen schlechter Nachrichten. Außerdem glaubte er, dass Gott seine Drohung nicht wahrmachen werde. Also konnte er sich den Weg nach Ninive sparen. Besser er fuhr in die entgegengesetzte Richtung. Das war zwar gegen die Vorschrift, aber interessant. Ja, jetzt wurde die Sache so richtig interessant.

In der Hafenstadt Jaffa fand Jona ein Schiff und bezahlte für eine Überfahrt nach Spanien. Das Schiff fuhr auf das offene Meer hinaus. Kleine Wellen liefen seitlich vom Schiff weg. Bald sah man nur noch das öde Wasser und die unheimliche Weite. Das Meer hob und senkte sich.

Bedächtig schritt Jona an Deck auf und ab. Doch seine Gedanken kehrten immer wieder dorthin zurück, wovon er eigentlich wegwollte: zu der schlechten Nachricht und zur Stadt Ninive. Jona dachte bei sich: Vermutlich wird meine Weigerung, nach Ninive zu gehen, nicht ohne Folgen bleiben. »Was wird passieren?«, rumorte es in seinem Kopf.

Jona ließ seine Augen über die Weite des Meeres schweifen, er schaute in den blauen Himmel hinauf.

Auch der Kapitän des Schiffes schaute in den blauen Himmel hinauf. Er massierte sich den Nacken. Er spürte den Sturm, der heraufzog, noch bevor Wolken sichtbar wurden. Wenige Minuten später blähten sich die ersten Wolkentürme. Der Kapitän massierte sich weiterhin den Nacken. Dann rief er dem Steuermann zu:

»Bring das Schiff an Land! Aber rasch!«

Jona zuckte die Achseln und ging unter Deck. Mit einer Körperhaltung, die Lässigkeit und Unlust ausdrückte, stieg er die Treppe hinunter. Was kümmert mich der Sturm, schien er zu denken. Gähnend legte er sich hin und schlief augenblicklich ein.

Der Himmel über dem Schiff wurde dunkel wie Eisen. Die Farbe des Wassers sprang von Meeresblau zu Flaschengrün. Innerhalb weniger Minuten sank die Temperatur um zwanzig Grad. Wolken wuchsen in die Höhe, dass man glauben konnte, hier entstehe eine Stadt mit Mauern und Türmen – riesig wie Ninive. Dann fuhr der erste Blitz zwischen den Wolken hervor. Ein unheilvolles Krachen erklang. Einzelne schwere Tropfen fielen auf die Planken des Schiffes. Es folgten Tropfen in größeren Gruppen, ehe die ersten Regenschauer herangeworfen wurden.

Die Seeleute, die das Schiff an Land bringen sollten, sangen frohgemut: Wir lieben die Stürme, die brausenden Wogen, der eiskalten Winde raues Gesicht ... Doch als Windböen mit solcher Wucht herankamen, dass es den Seeleuten den Atem verschlug, verstummte der Gesang. Gewaltige Wellen sprangen hoch und brandeten über das Schiff. Die Balken knarrten kurz vor dem Zerbrechen.

Mit schmerzenden Gliedern kämpften die Seeleute gegen den Sturm. Aber sie schafften es nicht, eine sichere Bucht zu erreichen. Da packte einen jeden die Angst. Jeder betete zu seinem Gott und bat um Schonung. Doch der Sturm ließ nicht nach, im Gegenteil, er legte an Stärke zu. Es war zum Fürchten. Nur Jona schlief tief und fest.

Der Kapitän wunderte sich, dass Jona bei diesem Sturm schlummernd auf seiner Matte lag. Jona schlief ganz still, ohne einen Laut, als wünschte er noch im Schlaf, niemand möge sich seiner erinnern. Vielleicht wünschte er, auch Gott möge sich seiner nicht erinnern. Der Kapitän jedoch rüttelte Jona wach und fragte:

»Sag einmal, wie schafft man es, während eines solchen Sturms zu schlafen?«

Jona schaute gleichgültig und zuckte die Achseln. Im selben Moment wurde das Schiff in die Höhe geworfen und fiel in ein Wellental, dass es sogar dem Kapitän fast den Magen umdrehte.

Da sagten die Seeleute:

»Hier stimmt doch etwas nicht. Wir wollen Würfel werfen, um herauszufinden, wem dieses Unheil gilt.«

Fünf aus Knochen geschnitzte Würfel wurden geworfen, sie hopsten hin und her. Dann lagen sie still. Die Zahl deutete auf Jona. Den Seeleuten war dieser schweigsame Mann nicht geheuer, ein Mann, der schlief, während ein Sturm das Schiff in Trümmer schlagen wollte. Sie fragten ihn:

»Was bist du für einer?«

Jona heuchelte weder Angst noch Unwissenheit. Er gestand, dass er einen Auftrag Gottes nicht ausgeführt hatte. Er berichtete vom schlechten Ansehen der Stadt Ninive und von der schlechten Nachricht, die er hätte überbringen sollen. So stand die Sache.

Jetzt fragten die Seeleute: »Und was sollen wir tun, damit der Sturm von uns ablässt? Der Wind wird immer stärker. Die See wird immer rauer. Lange hält das Schiff nicht mehr stand.«

Jona zuckte wieder die Achseln. Er wiegte den Kopf, dann sagte er ruhig: »Werft mich ins Meer, der Sturm gilt nur mir.«

Aber die Seeleute waren anständige Menschen. Der Kapitän hatte nicht nur für das Schiff Verantwortung, sondern auch für Jona. Deshalb strengten sich die Seeleute noch einmal an und versuchten, das Schiff an Land zu bringen. Vergeblich. Weit jenseits des aufgewühlten Wassers blinkte ein Leuchtturm, doch sein Blinken kam nicht näher.

Da schielten die Männer wieder zu Jona, der reglos in einer Ecke saß. Die Seeleute kämpften mit sich. Sie dachten im Stillen: Besser einer geht unter als alle. Und zum Himmel gewandt, murmelten sie:

»Trage es uns nicht nach, Herr, wenn wir diesen Mann ins Meer werfen. Es wäre furchtbar, wenn wir diesen Schritt mit dem Leben bezahlen müssten. Zu Hause warten Frauen und Kinder. Wir werfen diesen Mann ja nur deshalb ins Meer, weil der Vorschlag von ihm kommt. Die ganze Sache ist uns schrecklich unangenehm.«

Dann fassten sie Jona an Armen und Beinen. Jona ließ es bereitwillig geschehen. Sie schwangen den Propheten und ließen ihn auf eins-zwo-drei los. Jona flog über Bord. Sogleich hielt der Sturm in seinem Toben inne. Sogleich legte sich der Wind. Das Meer beruhigte sich, war wieder sanft und zahm. Das Schiff war gerettet. Die Seeleute dankten dem Himmel.

Während Jona durch die Luft flog, meinte er, Gott persönlich lasse ihn fallen. Jona platschte ins Wasser. Eine gewaltige Strömung erfasste ihn und zog ihn in die Tiefe. Ein betörender Geruch nach Algen, Fischen und versunkenen Schiffen stieg zu ihm auf. Wir lieben die Stürme, hallte es aus der Tiefe ... am Grunde des Meeres erst finden wir Ruh!, sang ein Chor. Hei-ho, hei-ho! Und die Luft wurde knapp. Jona dachte, jetzt werde ich mein Leben verlieren in dieser unergründlichen Tiefe. Jona sank und sank.

Doch Gott sprach zu einem großen Wal:

»Schlucke den Jona!«

Da kam der Wal heran, ergriff Jona und schluckte ihn. Durch die Speiseröhre, in rasendem Tempo wie in einer Rutschbahn, sauste Jona ins Innere des Wales. Zwischendrin überschlug er sich. Dann landete er auf dem Hintern in einer kleinen Pfütze, dass es spritzte.

Besser im Bauch eines Fisches als am Grund des Meeres, dachte Jona, der den Wal für einen Fisch hielt. Er dankte Gott auf Knien für die vorläufige Rettung.

Er blickte sich um. Einige herumliegende Leuchtfische gaben etwas Licht ab, so dass Jona sich orientieren konnte. Ein riesiger Bauch wölbte sich über ihm, fast wie eine Bahnhofshalle.

Die Rippen des Wales zeichneten sich ab, man hätte die Rippen für Teile einer Dachkonstruktion halten können. Jede Menge unverdaulicher Müll lag herum, den Menschen ins Meer geworfen hatten, viel Plastik, zerrissene Fischernetze, ein alter Autoreifen. Auf den Autoreifen setzte sich Jona. Viele vom Wasser gebleichte Knochen türmten sich in einer hinteren Ecke. Jona zuckte die Achseln und dankte nochmals Gott für das neue Zuhause.

Eigentlich war Jona ein häuslicher Mensch.

»Der Herr ist groß«, sagte er laut.

Er fand es ganz annehmbar im Fischbauch, nur langweilig. Er hörte das Wasser rauschen und den Fisch schwimmen. Sonst gab es keine Neuigkeiten und keine Nachrichten, weder gute noch schlechte. Jona vermisste sein eigentliches Zuhause und vermisste sogar seinen Beruf. Er hätte gerne ein bisschen prophezeit – was man halt so prophezeit, wenn der Tag lang ist: Ich bin mir sicher, in zwei Wochen fallen die ersten Birnen vom Baum.

Drei Tage und drei Nächte blieb Jona im Bauch des Wales, betete und schlief, schlief und betete. Jona betete laut. Die anderen Fische draußen mussten denken, der Wal ist ein Bauchredner. Es war warm im Bauch, stickig wie im Urwald. Aus einer Nachbarkammer hörte Jona die Verdauung. Manchmal rumpelte die Verdauung des Wales, als würden Möbel gerückt, manchmal grollte es wie Donner, so dass Jona aus dem Schlaf fuhr.

Im Laufe der dritten Nacht glaubte Jona, von ferne eine Schiffsglocke zu hören. Vielleicht war es das Läuten einer Glocke beim Überqueren des Äquators. Jona empfand das Geräusch als Totengeläut.

»Bin ich tot?«, fragte er sich. »Bin ich schon gestorben?«

»Nein, du bist nicht gestorben, du lebst«, sagte eine Stimme.

»Wer da?«, fragte Jona.

»Ich bin's, die schlechte Nachricht. Ich dachte, ich komme und leiste dir Gesellschaft. Bestimmt ist dir langweilig.«

»Mir ist nicht langweilig! Verschwinde, schlechte Nachricht! Verschwinde! Lass mich in Ruhe!«, rief Jona und fuhr abermals aus dem Schlaf. Er hatte schlecht geträumt.

Jona erhob sich, ging einige Schritte. Es bedrückte ihn, dass die schlechte Nachricht ihn verfolgte. Auf dem federnden Boden des Walbauches suchte er nach einem Stück Holz, riss einen Splitter ab, setzte sich wieder hin und kratzte mit dem Splitter den Dreck unter seinen Fingernägeln hervor. Später betete er und dankte erneut für die Rettung und das neue Zuhause – das eigentlich ein Gefängnis war, ein lebendes Gefängnis. Und doch, Jona war zufrieden. Er hatte Vertrauen. Er fürchtete kein Unheil.

»Herr, ich danke dir für meine Errettung«, sagte Jona. Und nach einigem Überlegen fügte er hinzu:

»Die schlechte Nachricht verfolgt mich, Herr. Sollte ich je Gelegenheit bekommen, nachzuholen, was ich versäumt habe, werde ich die schlechte Nachricht dorthin bringen, wohin sie gehört. Nach Ninive.«

Und im Stillen dachte er: Dann bin ich sie los.

Der Wal pflügte mit seiner schwarzen Wampe durch die ruhige warme See. Himmel und Meer wirkten unendlich tief, aber friedlich und rein. Das Schiff, das Jona ursprünglich bestiegen hatte, befand sich bereits in der Nähe der Insel Kreta. Der Wal hingegen befand sich vor der Küste von Jonas Heimat. Und als die Stimme Gottes über das Meer tönte – »Spuck' den Propheten aus!« –, da ließ sich der Wal nicht lange bitten. Er näherte sich der Küste und spuckte Jona aus, in einem großen Schwall Wasser, direkt ans Ufer.

Jona rappelte sich hoch. Nach drei Tagen im Dämmerlicht blendete ihn die Sonne. Aber egal, er war froh, wieder an Land zu sein. Er fühlte sich wie von den Toten auferstanden.

Tatsächlich sah Jona ein bisschen aus wie der Tod, ganz bleich vom Salz, das auf seiner Haut getrocknet war. Doch nachdem er sich die Salzkrusten aus den Haaren gerieben und eine Weile gegangen war, bekam er wieder Farbe ins Gesicht. Auf krummen Sandwegen schritt er dahin. Während der ersten Zeit hatte er noch weiche Knie von der langen Meerfahrt. Aber nach einer Stunde war sein Schritt wieder fest. Und auch sein Entschluss, nach Ninive zu gehen, stand fest. Mal sehen, was dabei herauskommt.

Nach einer Reise von zwei Wochen erreichte Jona die schmutzige und schlechte Stadt. Am Horizont ragten Türme und Hochhäuser in den Himmel, daneben loderte ein Sonnenaufgang, der einen heißen Tag versprach. Jona näherte sich der Befestigungsmauer. Er trat durch ein großes Tor. Ninive lag in der grellen Sonne da. Bald würde der Müll in den Straßen anfangen, in der Hitze zu stinken. Überall hörte man Hunde winseln, denn ihre feinen Nasen schmerzten vom Gestank. Es wimmelte von grünen und blauen Fliegen. Wasser- und Abflussrohre leckten. Gerümpel bedeckte die Hinterhöfe. Giftige Abfälle sickerten in den Boden. Niemand hatte das geringste Interesse an etwas Schönem. Allen ging es nur ums Geldverdienen, einer betrog den anderen. Keiner konnte rechts von links unterscheiden. Keiner konnte schön von hässlich unterscheiden, richtig von falsch.

Ansehen gab dieser Stadt nur ihre Größe und der schöne Name: Ninive … Ninn-i-feee … ein entschiedenes Ninn, ein fragendes i und ein gehauchtes Fee … Ninn-i-fee … Die Stadt selbst war hässlich, ein schlechter Ort. Jona ging tiefer in die Stadt hinein. Ein bisschen mulmig war ihm. Die Menschen hier begingen Verbrechen wie man anderswo Wasser trinkt. Unsicher blickte sich Jona um. Wollte ihm jemand an den Kragen? Er hätte es nicht ausschließen können. Endlich, nachdem er einen Tag lang in engen und beschwerlichen Gassen gegangen war, stellte er sich auf einen Platz und rief:

»Hört, Leute, noch vierzig Tage und Ninive ist zerstört! Diese Stadt stinkt zum Himmel. Die Bewohner sind Mörder und Kriminelle. Der Herr wird alles in Trümmer schlagen und den Schutt ins Meer werfen. So wird es passieren!«

Entgegen Jonas Erwartungen gingen die Bewohner Ninives nicht auf ihn los. Sie glaubten, was Jona verkündet hatte, und riefen eine Fastenzeit aus. Die Nachricht verbreitete sich rasch. Alle, Groß und Klein, zogen graue

Fastengewänder an, selbst die Tiere wälzten sich im Staub, bis sie grau waren. Als die schlechte Nachricht den König erreichte, stand dieser von seinem Thron auf, legte seinen roten Königsmantel ab, warf ein Fastengewand über und setzte sich in die Asche. Gesicht und Haare rieb er sich mit Asche ein. Danach rief er sein Volk zusammen. Das Volk versammelte sich auf dem Platz vor dem Palast, und der König hielt eine Ansprache, in der er die Vorzüge der Freundlichkeit pries.

Der König sagte:

»Um vieles besser lebt es sich, wenn alle freundlich zueinander sind.« Auch brachte der König den Bewohnern von Ninive bei, wie man rechts und links unterscheidet.

»Rechts ist dort, wo der Daumen links ist«, rief der König. Und die Menschen von Ninive begriffen es sofort: Rechts ist dort, wo der Daumen links ist. Und auch die Tiere begriffen es, ob sie nun Daumen hatten, Hufe, Pfoten oder Flossen.

Jetzt sprach Gott zu Jona: »Siehst du, Jona, Ninive bessert sich. Die Bewohner bringen ihre Stadt in Ordnung. Ich werde Ninive verschonen.«

»Wie? Was?«, durchfuhr es Jona. Er glaubte, seinen Ohren nicht zu trauen. Einige Tage lang war Jona sanft wie ein Lamm gewesen, er hatte gegurrt wie ein Täubchen. Jetzt aber brüllte er wie ein Löwe und biss zwischendurch vor Wut in sein Taschentuch.

»Was für eine Sauerei! Ich hab's schon gewusst, als ich das Schiff nach Spanien bestieg! Wofür schlechte Nachrichten überbringen, wenn sie sich als leere Drohungen erweisen?! Ich habe einen furchtbaren Zorn! Ich könnte vor Zorn eine Eisenstange durchbeißen!«

Jona war strenger als der Herr. Jona hätte gerne gesehen, dass die Stadt Ninive für ihre Schandtaten bestraft wird. Alles in Trümmer schlagen und den Schutt ins Meer kippen – das hätte ihm gefallen. Jona war kein bequemer Prophet, er war aufmüpfig und jähzornig.

»Ich fühle mich benutzt und an der Nase herumgeführt!«, brüllte er: »Mein Gott, wie ärgert mich das! Um ehrlich zu sein, ich wäre lieber tot.«

Weiterhin mit einer tiefen Zornesfalte zwischen den Brauen ging Jona aus Ninive hinaus. Die grau gekleideten Bewohner begegneten ihm freundlich und hätten ihn gerne bewirtet. Aber wenn jemand das Wort an ihn richtete, knurrte Jona böse. Wütend trat er gegen Steine auf dem Weg, bis seine Zehen bluteten.

»Was bin ich für ein Esel!«, schimpfte er. »Habe ich mir die ganze Mühe gemacht, damit am Ende alles so ausgeht, wie ich es vorhergesehen habe?«

So mit sich redend entfernte er sich, hinaus vor die Mauern der Stadt. Noch in Sichtweite von Ninive, bei einer von Sand umgebenen Ruine, baute er sich eine notdürftige Hütte und setzte sich beleidigt hinein.

»Ich will nicht mehr leben«, sagte er. »Ich hasse die ganze Welt.«

Und später, jetzt schon in einem sterbensmatten Ton wegen der brütenden Hitze:

»Lieber möchte ich tot sein.«

Jona erstickte fast vor unterdrücktem Zorn. Mit so fest zusammengebissenen Zähnen saß er da, dass er Schmerzen in den Kieferknochen bekam. Da ließ Gott eine Rizinuspflanze wachsen, damit sie Jona Schatten spendete. Die Pflanze wuchs aus dem Wüstenboden, wuchs prächtig neben der Hütte in die Höhe und breitete ihre Blätter aus, dass es eine Freude war. Jonas Lebensgeister begannen sich sogleich wieder zu regen.

»Eine wunderbare Pflanze«, sagte er anerkennend. »So schöne Blätter. Kaum dass es dem Sonnenlicht gelingt, hindurchzuflimmern.«

Von den riesigen Blättern sah Jona nur die Unterseiten. Er saß im wohligen Schatten. Die Äste des Rizinus schwangen sanft hin und her. Die Blätter bebten in einem lauen Wind und raschelten an der Mauer der Ruine. Es wurde Nacht. In der Ruine rief eine einsame Eule und wiegte Jona in den Schlaf. Unter der Rizinuspflanze schlief Jona seinen Unmut aus.

Da schickte Gott eine Menge nachtaktiver Raupen, Raupen eines Schmetterlings, und gemeinsam fraßen sie die Rizinuspflanze kahl. In der Früh, als Jona erwachte, war der Rizinus entblättert. Das Geripppe ragte traurig in die Höhe, ein armseliger Anblick. Nur einige verschrumpelte Blätter lagen am Boden. Die Sonne stieg empor, brannte vom Himmel. Selbst das Vormittagslicht war sirupgelb und fühlte sich klebrig an. Jona begann zu schwitzen. Ihm wurde schwindlig. Was für ein Ärger! Es packte ihn schon wieder die Wut. Mit hochrotem Kopf von der Sonne und hochrotem Kopf vom Zorn sprach er zu Gott:

»Jetzt ist auch der Rizinus kaputt, an dem ich eine solche Freude hatte. Ich mag nicht mehr leben. Besser, ich wäre tot.«

Jonas Stimme zitterte vor Erregung.

Gott aber fragte:

»Jona, mit welchem Recht bist du schon wieder zornig?«

»Mit dem größten Recht!«, sagte Jona.

»Jona, mit welchem Recht, frage ich dich?«

»Mit dem größten Recht!«, wiederholte Jona. »Ich fühle mich verschaukelt.«

»Verschaukelt, Jona? Hast du dich um die Pflanze gekümmert? Sie ist ohne dein Zutun gewachsen und ohne dein Zutun verdorrt. Über Nacht ist sie gekommen und über Nacht ist sie vergangen. Also was klagst du? Hast du dich gekümmert? Hast du dich um Ninive gekümmert? Hast du dich darum gekümmert, dass der Wal im Meer zu leben hat? – Kümmere dich um das Meer und den Wal. Kümmere dich um Ninive, dass es nicht in Schmutz und

Kriminalität versinkt. Kümmere dich, dass hier ein Garten wächst, in dem man unter Bäumen rasten kann. Wenn du dich gekümmert hast, reden wir weiter.«

So sprach Gott. Und die Rede Gottes verblüffte Jona so sehr, dass sein Zorn verrauchte. Er fühlte, wie seine Gelassenheit zurückkehrte. Nun ja, es stimmte, er hatte sich nicht gekümmert, weder um Ninive noch um den Wal und auch um den Rizinus nicht. Er nickte. Und dabei beließen es die beiden. Gott wandte sich anderen Dingen zu, und Jona ging nach Hause.

Was aus Jona später geworden ist, möchte ich auch noch erzählen. Er blieb Prophet bis ans Ende seiner Tage, doch verlegte er sich auf das Überbringen von guten Nachrichten. Von schlechten Nachrichten hatte er endgültig genug. Und wenn man ihn fragte, dann sagte er:

»Gute Nachrichten sind besser als schlechte. Gute Nachrichten erzeugen glückliche Menschen und von glücklichen Menschen geht Glück aus.«

Und eins noch: Im Weggehen von Ninive hatte Jona zurückgeschaut. Auf den höchsten Gebäuden der Stadt hatte er goldene Tupfer schimmern gesehen. Und einige Tage später, zurück in seiner Heimat, hatte Jona aufs Meer hinausgeblickt, dorthin, wo er sein großes Abenteuer erlebt hatte. Dort draußen blies der Wal. Für einige Sekunden stand in der blauen Luft eine fröhliche Fontäne, und die Fontäne formte das Wort: Ende.

Roger Willemsen
erzählt eine Geschichte
von Hiob

DAS MÜDE
GLÜCK

Es kommt der Tag, da steht Herrn Gottlieb die Welt bis Hier! An einem solchen Tag geht er schon im Morgenrot in seinen Vorgarten ganz allein, die Bademanteltaschen ausgebeult von beiden Fäusten, und nichts gefällt ihm, was er sieht, obwohl in seinem Garten alles gleichzeitig blüht. »Wie kommt der Ramsch da hin?«, schreit er seine Frau Margarete an, die noch im Bett liegt, aber gewohnt ist, auf das Geschrei ihres Gatten zu hören. Doch braucht sie lange, bis sie ganz verschlafen am oberen Fenster erscheint, und noch länger, bis sie das Fenster entriegelt und aufgesperrt hat.

»Du meinst deinen Garten?«, fragt sie freundlich.

»Das ist nicht mein Garten«, keift Herr Gottlieb und stößt seine Fäuste in die Bademanteltaschen, »das ist der Garten nicht, wie ich ihn will!«

Seine Frau würde Herrn Gottlieb gerne lieben. Leicht macht er ihr das nicht, denn was man lieben soll, das muss doch auch ein bisschen hilfsbedürftig sein, und davon hat Herr Gottlieb so gar nichts. Deshalb rafft seine Frau da oben am Fenster die Strickjacke über der Brust zusammen und sagt bloß: »Hach, frisch ist es geworden. Was hast du denn, Gottlieb?«

»Hab ich nicht hundert Mal gesagt: keine Stiefmütterchen und auch keine Margeriten!«

Er zeigt auf die frühen Morgenknospen, auf denen der Tau ein Muster hinterlassen hat, schön wie eine alte Tapete aus China.

»Aber«, traut sich seine Frau Margarete zu widersprechen, »das Stiefmütterchen heißt doch Viola tricolor. Das habe ich für unsere Tochter Viola gepflanzt und die Margeriten für mich.«

»Dann hättest du gleich Fette Henne anpflanzen können«, lacht Herr Gottlieb böse. Seine Margarete blickt aus traurigen Augen auf ihn herab. Margarete heißt

»Perle«, auch »Kind des Lichts«, das weiß sie, aber er weiß es nicht. Im Vergleich zu ihm ist sie allwissend und allgütig.

»Und was hast du für mich gepflanzt?«, keift er, »Jelängerjelieber? Rittersporn? Männertreu?«

»Die Narzisse da drüben«, sagt Margarete und zeigt in den Schatten beim Komposthaufen. Herr Gottlieb stolziert rüber und schaut sich die Narzisse an, die ihren Kopf blass, gelb und mutig zu ihm aufgehoben hat. Er weiß nicht, dass sie nach Narziss benannt wurde, dem selbstverliebten Jüngling, der sein Spiegelbild im Wasser küssen wollte, hineinstürzte und ertrank. Wenn sich Herr Gottlieb herabließe und an ihr röche, könnte er ihren feinen Duft einatmen, von dem sie an die Atmosphäre abgibt, ohne dafür bezahlt zu werden. Aber vor einer Blume geht Herr Gottlieb nicht in die Knie.

»Na schön, die kann bleiben.«

Im Gedanken an das Schicksal von Stiefmütterchen und Margerite lässt Frau Margarete ihren Kopf hängen.

Ja, Herr Gottlieb kann furchtbar ungemütlich werden, und während die meisten Menschen froh sind, dass es überhaupt Blumen gibt, ganz gleich, wie sie aussehen, ist Herr Gottlieb froh, wenn es sie nicht gibt, sofern sie falsch aussehen oder ihm aus anderen Gründen nicht in den Kram passen.

Nein, Herr Gottlieb hat heute keinen guten Tag, und so geht es beim Frühstück gleich weiter: »Wie kommt man nur auf die Idee, Kondensmilch zu erschaffen, frage ich mich«, fragt er sich und klopft sich mit den Fingerspitzen auf die eigene Stirn, um das Wort »stirnverbrannt« darzustellen, »kein Mensch mag Kondensmilch. Oder Schlaflosigkeit! Pferdefliegen! Und ein Knie kann man heute auch schon besser konstruieren.«

»Aber der Schluckauf ist gut gelungen«, mischt sich Viola ein, »und die Seifenblase ...«

»... und dass manche Gedichte aufsagen und einen Fallrückzieher machen können«, ergänzt Margarete, »wer hätte das dem Lehmkloß Mensch am Anfang zugetraut!«

»Und den Weltkrieg, die Windpocken, die Brennnessel, die Blauen Briefe, die Staus? Die sind schon wieder vergessen, was? Da haben die Herren Damen mal wieder keinen Gedanken drauf verschwendet!«

»Du bist so hart, Gottlieb«, sagt die Frau, die ihn geheiratet hat. »Du solltest mal deine weibliche Seite entdecken.«

»Dafür hab ich meine bessere Hälfte«, sagt Herr Gottlieb, nimmt die Wange seiner Frau zwischen Daumen und Zeigefinger, schlenkert sie hin und her, dass ihr Gesicht aussieht wie beim Zahnarzt.

»Vorhin hast du mich noch Fette Henne genannt«, klagt Margarete, als ihre Backe wieder frei ist. Doch das ist auch schon ihr ganzer Protest. Herr Gottlieb aber stolziert hinaus in den Garten mit der Hoheit eines Mannes, der schon als Kind von Beruf Alleinherrscher werden wollte. In der Einfahrt vor seinem Garten stand ein Dromedar.

»Guter Gott, ein Kamel!«, rief Herr Gottlieb. »Das frisst mir noch die Margerite ab!«

»Zwei Höcker, aber eine Seele, / so schuf der Herrgott die Kamele. / Die Hälfte nur von einem Paar / gab er dem braven Dromedar«, sagte strahlend Herr Hopp, der das Tier an einem Strick hielt. »Keine Sorge, es beißt nicht.«

»Fressen tut es aber schon«, meinte Herr Gottlieb.

»Keine Schnittblumen«, schwindelte Herr Hopp. Dromedare fressen sogar stachelige, bittere und salzige Pflanzen. Aber da es sich bei Herrn Hopp um einen aller Welt wohlgesonnenen Menschen handelte, betonte er auch an Gerda, seinem Dromedar, vor allem das Gute, und da Gerda ihn ihrerseits nicht enttäuschen wollte, rührte sie keine Schnittblumen an.

»Und?«, fragte Herr Gottlieb, »alles im Lack?«

»Und selbst?«

»Kann nicht klagen.«

»Wollen täten Sie aber schon, was?«, flaxte Herr Hopp.

Man sieht, die beiden begegneten sich nicht zum ersten Mal. Um genau zu sein, sie begegneten sich jeden Morgen, wenn Herr Gottlieb seine Laune nacheinander an seiner Frau, den Blumen, der Tochter, dem Wetter oder der Luft ausließ, während Herr Hopp seine Tiere ausführte und sich seines Lebens freute. Warum hätte er sich auch nicht freuen sollen, war er doch ein glücklicher Mann, nicht jung, nicht alt, nicht arm, nicht reich, nicht klug, nicht einfältig, einfach ein gesunder, feiner Kerl mit guten Absichten, einer, wie man ihn gern zum Freund hat. Dem leiht man auch mal sein Auto für eine Spritztour. So einer.

Warum Herr Hopp am frühen Morgen ein Dromedar spazieren führt? Warum nicht? Wer hätte nicht mal Lust darauf? Aber die meisten Menschen sterben, liegen da und denken: Nicht ein einziges Dromedar hab ich in meinem Leben ausgeführt. Das hätte mir auch mal früher einfallen können. Aber dann ist es zu spät. Vielleicht sagen sie aber auch: Ich bin zu wenig Riesenrad gefahren, zu selten durch Laubhaufen gelaufen.

Herr Hopp lebt jedenfalls für solche Menschen, und er lebt nicht schlecht. Denn immerhin gibt es nicht wenige, denen es nicht reicht, abwechselnd zur Arbeit, ins Bett, zur Bank und in Ferien zu gehen, und wenn sie damit durch sind, fangen sie von vorne wieder an. Nein, solche Leute haben vielleicht plötzlich Lust auf den Anblick eines Dromedars, das knien oder auf einen Schimpansen, der Karten spielen kann oder auf eine Dressurreiterin, die im rosa Röckchen auf dem Rucken des Pferdes steht und mit vollen Händen Küsse in die Menge wirft, und das mit einem Lächeln, schön wie eine Fensterscheibe voll Eisblumen. Ja, wenn dies alles eine Pizza wäre, man könnte es sich kommen lassen. Aber ein Dromedar?

Für diejenigen unter uns, die so etwas gut leiden können, hatte Herr Hopp am Rande des Städtchens eine Manege aufgebaut, »Hopps Welt«, einen Zirkus, der nicht wanderte, sondern blieb, eine Welt für sich, mit ein paar Tieren, drei Artisten, einem Clown, noch mal drei Artisten, einem weiteren Clown, drei Tierpflegern und einem Papagei, der Dinge sagen konnte wie »Prost Gemeinde, der Vorstand ist besoffen!«.

»Wie laufen die Geschäfte?«, wollte Herr Gottlieb wissen.

»Große Geschäfte, kleine Geschäfte / nichts geht über meine Kräfte«, reimte Herr Hopp, und sein grimmiger Nachbar schüttelte den Kopf: »Schon am frühen Morgen einen Clown gefrühstückt, was? Ihnen wird die gute Laune auch noch mal vergehen.«

»Wenn es so weit ist, sage ich ihr, sie soll doch auf Sie überspringen. Bis dahin würde ich sie gerne behalten. Auch ist sie mir treu wie meine Frau.«

Da schüttelte Herr Gottlieb den Kopf und sagte: »Da kann ich nur den Kopf schütteln. Eines Tages werden Sie auch noch auf dem Boden der Tatsachen landen.«

»Ich liebe Tatsachen«, rief Herr Hopp. »Da habe ich immer etwas, was ich verdrehen kann. Sie glauben, ein Affe kann nicht Tango tanzen? Bei mir schon. Ein Goldfisch kann kein Vaterunser beten? Reingelegt, das kann er auch bei mir nicht! Kommen Sie doch einfach mal gemeinsam mit Ihrer Tochter in die Vorstellung. Sie werden sehen, von der guten Laune ist auch für Sie noch was da.«

Zur Vorstellung kommen, das fehlte noch, dachte Herr Gottlieb, Viola hatte schon genug Flausen im Kopf. Aber er selbst, gut, er könnte sich ja mal die Tiere ansehen.

»Der Hopp«, sagte Herr Gottlieb, als er wieder ins Haus gegangen und seine Margarete beim Zeitunglesen fand, »hat den Ernst des Lebens nicht begriffen. Das wird noch mal ein herbes Erwachen geben.«

»Ach, lass ihn doch«, sagte seine Frau, indem sie von der Zeitung aufblickte, »er tut keiner Fliege was und erfreut die Kinder.«

»Mit dem stimmt was nicht«, beharrte ihr Mann. »Dem werden eines Tages die Disteln in den Mund wachsen.«

Unterdessen hatte Herr Hopp seine Gerda zwei Straßen weiter geführt, wo sich die Kinder scharten, um einem Dromedar mal ganz nah zu sein, aber auch nicht zu nah. Nur ein Junge traute sich und gab ihm einen Klaps auf den Hintern.

»Das staubt«, sagte er. »Da müsste mal richtig gestaubsaugt werden.«

Aber Gerda ging bloß zum nächsten Verkehrsschild, pinkelte an die Stange, und die Kinder machten sich vor Lachen fast selbst in die Hose.

Am Nachmittag besuchte Herr Gottlieb dann wirklich die Hopp'sche Manege mit Kappe und Magenbitter-Miene.

»Herrrreinspaziert«, sagte Herr Hopp und rollte das R, so dass man die Flatterzunge hinter den Zähnen sehen konnte.

»Was steht denn da so allein rum?«, wollte Herr Gottlieb wissen.

»Ein Okapi.«

»Hat es keine Familie?«

»Es stammt aus der Familie der Giraffen.«

»Warum ist es denn so blass um die Nase? Es sollte mal eine Hustenpastille lutschen.«

»Okapis kommen auf die Welt, blass um die Nase, blass an der Kehle, gestreift an den Beinen.«

»Aber seine Zunge ist blau. Sehen Sie doch, das Vieh streckt mir die Zunge raus, seine blaue Zunge! Da wird es aber mal langsam Zeit für eine Hustenpastille. Was kann es?«

»Nicht viel, meistens steht es bloß rum und isst Blätter.«

»Hm«, sagte Herr Gottlieb. »Das ist ja nicht gerade was für die große Bühne. Dem würde ich was anderes erzählen. Man muss doch auch ein Vorbild sein für die Kinder.«

»Aber es kommt von weit her. Aus Afrika. Die Kinder schauen es sich gerne an. Sind Ihnen die sanftmütigen Augen aufgefallen?«

»Und das da?«

»Ein Olf.«

»So sieht er aus.«

»Ein Wolf war er, solange er beißen konnte. Seit ihm die Zähne ausgefallen sind, nennen wir ihn Olf.«

»Wahrscheinlich wollen Sie mir das da drüben auch noch als Hyäne verkaufen! Das ist doch ein ganz gewöhnlicher Hund.«

»So sieht er aus«, gab Hopp zu. »Aber er ist wild und kaum zu überwinden. Wir nennen ihn den Inneren Schweinehund.«

Herr Gottlieb winkte bloß ab und zeigte auf ein Häufchen Fell am Boden.

»Ein Meerschweinchen.«

»Und das kann?«

»Es hat gute Laune.«

»Das soll gute Laune sein?«, schnauzte Herr Gottlieb und piekte das Meerschweinchen mit einem Stöckchen in die Seite. Das Meerschweinchen sah nicht hin, sondern rollte beiseite wie ein Köttel im Wind.

»Wenn ich auf den Frohsinn angewiesen wäre, könnte ich mir gleich den Strick nehmen«, sagte Herr Gottlieb. »Außerdem hat es gekotzt.«

»Aber nur ein bisschen.«

»Sie brauchen es gar nicht zu verteidigen. Man riecht es bis hier.«

Mit einem Wort, Herr Gottlieb fand an allen Tieren etwas auszusetzen. Der Papagei brachte kein Wort raus, die Ponys, hieß es, seien wohl beim Waschen eingelaufen, der Goldfisch hatte Schuppen und der Schimpanse Haarausfall.

»Gott, der sieht ja aus wie ein Affe!«, maulte er.

»Gott?«, meinte Pico, der Clown, im Vorübergehen, »ist das nicht der reizende Herr im obersten Stock?«

Darüber konnte Herr Gottlieb nicht lachen, aber Herr Hopp konnte, und überhaupt wurde ihm immer wärmer ums Herz, je mehr Herr Gottlieb schimpfte. Ein Affe mit schütterem Haar kam ihm liebenswerter vor als einer mit Dauerwelle, ein Flamingo, der auf einem Bein stand, sieht vielleicht ein bisschen asymmetrisch aus, aber der muss sich auch mal die Füße vertreten, und der Papagei hatte bloß schlecht geträumt. So führte Hopp den strengen Herrn Gottlieb herum und wurde immer heiterer. Auch seine Söhne Kaspar und Kasimir stellte er vor. Sie sagten »Tach« mit den Händen in den Hosentaschen. Kaspar kaute einen Kaugummi, und Herr Gottlieb sagte zu seinem Gastgeber: »Nette Jungs. Aber ähnlich sehen sie Ihnen ja nicht gerade.«

»Da sollten Sie erst mal meine Frau sehen«, erwiderte Herr Hopp und zeigte in die Kuppel, wo ein rosa Röckchen hoch oben schaukelte mit weißbestrumpften Beinen darin, wie eine Blüte mit ihren Staubfäden. Als Helga sich aber vom Trapez herabgelassen hatte, in einem Schwarm von Körperpuder, da beugte sich Herr Gottlieb tief über ihre

Hand, und Helga sagte hinterher, der sei ein »stattlicher Mann – «, der Herr Gottlieb, »... ich weiß gar nicht, was du hast.« Herr Hopp hatte nichts, er überhörte die Pünktchen und die Gedankenstriche zwischen ihren Worten und fand, seine Manege habe alles in allem bestimmt einen günstigen Eindruck auf Herrn Gottlieb gemacht.

Der wiederum kehrte heim zu seiner Margarete und sagte gleich in der Tür: »Ein Ramsch! Der Hopp wohnt in einem Wagen, hat ein paar räudige Viecher, ein paar Witzbolde und Hundewäscher um sich, überall riecht es nach Tierschweiß und Sägemehl, und er steht mitten darin, lacht und freut sich des Lebens.«

»Warum sollte er denn auch sein Leben nicht lieben«, fragte Margarete, »hat er nicht das Beste daraus gemacht?«

»Das Beste! Er hat ja nicht mal ein Cabriolet! Das Beste! Soll ihn das Glück nur einmal im Stich lassen, da möchte ich sehen, wie ihm die Mundwinkel fallen!«

»Lass ihn, er bringt doch nur Freude in die Welt.«

»Du redest schon wie er!«, schimpfte Herr Gottlieb. »Und im weißen Röckchen hab ich dich auch noch nie gesehen!«

»Was ist denn in dich gefahren?«, fragte Margarete. »Was soll ich denn plötzlich für weiße Röckchen tragen? Hast du dir etwa am frühen Abend schon einen gezwitschert?«

»Mit dem stimmt was nicht«, schimpfte Herr Gottlieb und verließ das Haus.

Als er in der Nacht heimkehrte, hatte er sich allerdings einen gezwitschert. Es könnten auch ein paar mehr gewesen sein. Mit von der Partie waren Herr Stranzel, Herr Ewig und Herr Drisskötter, den man auch »Perlhuhn« nannte, weil seine Frisur auf seinem Kopf saß wie ein geflecktes Federkleid, und weil er über seinen Akten im Amt immer mit dem Kopf wackelte wie ein Vogel. Perlhuhn war es auch, der Herrn Gottlieb mit einer Information versorgte, die diesen triumphieren ließ.

»Ich habe es gesagt, Alte«, röchelte er und ließ sich so schwer ins Bett fallen, dass seine Frau auf der anderen Seite in die Höhe hüpfte. »Ich habe es gesagt.«

Da Herr Gottlieb aber viel sagte, wenn der Tag lang war, hatte die arme Margarete in ihrem Halbschlaf keine Ahnung, von was die Rede war. Allerdings fragte sie sich vage, wie sie diesen Mann hatte heiraten können. Warum hatte sie es nicht mit einem anderen versucht, vielleicht mit einem Nachbarn. Aber manchmal sucht ein Teil eben sein Gegenteil, und gemeinsam bilden sie eine Welt.

Der nächste Tag kam, Herr Gottlieb war grimmig gut gelaunt und drückte schon die Zahnpasta aus der Tube wie ein Argument. Gleich nach dem Frühstück machte er sich auf den Weg. Herr Hopp stand mitten in der Manege und munterte die Ponys auf: »Hopp, hopp, hopp.« Das klang, als feuere er sich selbst an.

»Sie, Hopp«, sagte Herr Gottlieb und streckte den Finger nach ihm aus, als wäre dieser ein Meter lang. Herr Hopp fühlte eine düstere Wolke heranrollen mit schlechten Nachrichten in ihrem Bauch: »Sie heißen gar nicht Hopp. Sie heißen Hiob!«

Das klang so gewaltig wie Gottes Stimme im Paradies, als er nach dem Sündenfall aus der Wolke ruft: »Adam, wo bist du?« Doch andererseits ... Der eine heißt eben »Müller-Thurgau« und der andere »Kanalgeruch«. Trotzdem war Herr Hopp plötzlich weiß um die Nase wie sein Okapi, und heißt es nicht auch, als Rumpelstilzchen beim Namen genannt wird: »das hat dir der Teufel gesagt, schrie das Männlein, und riss sich inmitten entzwei«? Doch, es ist etwas Magisches mit dem Namen. Mit ihm wird man aufgerufen und erkannt, in der Schule wie im Wartezimmer beim Arzt. Als Herr Gottlieb nun noch so gestelzt daherkam und fragte: »Darf ich mir erlauben zu fragen, warum Sie hier unter falschem Namen in der Gesellschaft von Menschen, die Ihnen vertraut haben ... « bla bla bla, da sagte Herr Hopp ganz ernst und bescheiden: »Immer wenn Menschen etwas Schlimmes zustößt oder wenn man ihnen schlechte Neuigkeiten überbringt, dann nennen sie das ›Hiobsbotschaften‹, schlagen die Hände über dem Kopf zusammen und rufen: ›Das sind ja Hiobsnachrichten!‹ Damit mich nicht alle immer verantwortlich machen, habe ich mich ehemals umbenannt.

Es ist doch nur eine kleine, unscheinbare Veränderung, nicht?«

»Und wer würde auch eine Manege namens ›Hiobs Welt‹ besuchen?«, höhnte sein Gegenüber.

»Lassen Sie es unser Geheimnis sein, ich bitte Sie«, bat Herr Hopp, vergeblich, wie er im Gesicht von Herrn Gottlieb gleich erkannte, der, nebenbei gesagt, auch nicht gerade den passendsten Namen trug.

»Ihr Mitwisser und Komplize soll ich sein?« Er plusterte sich auf, kam richtig in Fahrt. »Ich soll Sie decken, Ihnen und Ihrem räudigen Hofstaat helfen, den Leuten einen Hopp für einen Hiob vorzumachen? Sie sind mir ja ein schöner Heiliger!«

Erst als Hopps Frau, angezogen von der lauten Stimme, dazutrat, mäßigte er sich und sagte: »Madame Helga, Ihr Trapezakt ist eine erhabene menschliche Leistung, doch Ihr Mann hier hat Sie – mit Verlaub – nicht verdient.«

Darauf stolzierte er, bis zum Platzen aufgeblasen, davon, und Helga wandte sich an ihren Mann und fragte: »Was hast du denn jetzt schon wieder fabriziert, du Flasche?«

»Es kommt alles davon, dass ich Hiob bin«, sagte Herr Hopp. »Und ich bin immer noch deine Frau Hiob«, hätte sie jetzt sagen können. Aber sie wussten beide, manchmal ist selbst die Ehe wie Einzelhaft. Auch hat niemand je von Frau Hiob und ihrer Liebe gehört, also würde Hiob alles allein ausbaden müssen.

So fing denn sein Unglück an. Aber fühlen konnte er es noch nicht. Getröstet vom warmherzigen Augenaufschlag Gerdas, der Sanftmut im Blick des Okapis, der unbeirrbaren Mobilität seiner Fische im Wasser und der Gutherzigkeit all der anderen Kreaturen, Menschen inbegriffen, legte er Frack und Zylinder an und machte sich fertig für die Nachmittagsvorstellung.

Als diese vorbei war, johlten und trampelten die Kinder so begeistert, dass der Staub von den Brettern wirbelte und in einer Wolke das Meerschweinchen verschluckte, das in einem Vogelbauer am Manegenrand keuchte, weil es an einer Stauballergie litt. Hätte man es nur rechtzeitig ins Freie getragen! Aber nein, dicht und grau zog die Wolke dahin, und als sie sich lichtete, hatte das Meerschweinchen alle Viere von sich gestreckt und war aufgestiegen in den Meerschweinchenhimmel. Herr Hopp sammelte es auf, bettete es in seinen Zylinder und tröstete zwei Kinder, die mit kreisrunden Mündern zusahen, indem er sagte: »Es war müde.«

Am folgenden Morgen fuhren am Bahndamm zwei Züge ineinander. Ein missgelaunter Rentner warf seinen Hund aus dem Fenster im dritten Stock. Über Nacht gingen vier Banken bankrott und Stunden später zwei Länder. In Afrika legte sich das letzte Exemplar einer Rhinozerosart zum Sterben. Die Sonne war zu sengend, die Luft zu dünn, das Wasser zu wenig und die Wüste zu trocken. Die Gerippe der Tiere lagen vereint im Tod bei den Menschen. Herr Hopp aber trat vor die Tür und lobte den neuen Tag.

Die kleine Stadt glänzte im Morgenlicht, frisch erwacht traten die Bewohner im Pyjama ans Fenster und gähnten in die Sonne. Als sie Herrn Hopp allein auf dem Bürgersteig erkannte, malte die kleine Viola fragend einen einzelnen Höcker in die Luft. Als Antwort spielte Herr Hopp ein Dromedar mit Gummibeinen, das sich an der Straßenlaterne anlehnen muss. Viola lachte, verstand und verschwand.

Als Herr Hopp heimkehrte, kam er gerade rechtzeitig für den letzten Vorhang der Tragödie. Gerda, das Dromedar, stand nicht mehr aufrecht. Geschwankt hatte es erst bedenklich. Nachdem es dann strauchelnd das Bassin mit den Fischen mitgerissen hatte, lag es nun platt im Sand zwischen den schillernden Fischen und tat wie diese keinen Mucks mehr. Frau Hopp stieß mit der rosa Schuhspitze ein wenig in den Bauch der alten Gerda. Aber der schwappte nur wie ein Eintopf. Da drehte sie sich weg. Herr Hopp kniete nieder, streichelte den guten Kopf seines geliebten Tiers und vergoss Tränen. Er vergoss sie noch einmal, als er nachmittags am Grab stand, zwischen den Clowns, den Artisten und Pflegern und Ponys und zu den ersten Schaufeln Erde »Ruhe in Frieden« sagte. Als er dann allein war, seufzte er: »Warum ich? Erst das Meerschweinchen, die Fische, jetzt meine Gerda? Warum das mir?«

Da legte ihm der Clown Pico die Hand um die Schultern und meinte: »Jetzt mal halblang. Du hast andere aufgerichtet, doch jetzt, da es dich trifft, kannst du dich selbst nicht aufrichten? Was glaubst du denn? Dass du das Glück bewohnen kannst wie ein Eigenheim? Das Unheil geschieht nicht in der weiten Welt allein, es kann auch in deiner passieren. Also verzweifle nicht, sondern finde eine Haltung. Warum ich, fragst du? Warum nicht du?«

»Welche Haltung soll das nur sein?«, klagte Herr Hopp und drehte so unglücklich an einem Knopf vorn an seiner Jacke, dass er ihn gleich darauf in der Hand hielt. »Habe ich die Freude denn für mich allein gewollt? Denk an das Kindergeschrei, das Gelächter in unsrer Manege!«

»Gewiss«, erwiderte Pico. »Aber wie willst du die Freuden der Gesundheit schätzen, wenn du nie krank gewesen bist?«

Und Hopp verstand. Wo im Programm Gerda hatte knien sollen, plante er jetzt das Okapi ein. Man konnte es im Kreis führen und auf dem Höhepunkt die Zunge rausstrecken lassen, immerhin eine blaue Zunge. Die Clowns müssten sich länger prügeln als sonst und die Artisten in der Kuppel länger schaukeln. Helga könnte von einem Thron aus den Inneren Schweinehund dirigieren. Als die Vorstellung kam, saß sie da und rief immerzu: »Mach Hoppchen auf Helga!«, aber der Innere Schweinehund kam nicht, lungerte lieber in der ersten Reihe herum, betrachtete die hilflose Helga und biss aus Langeweile einem Beamten ins Bein. Darauf gab es ein Riesengeschrei. Helga verlor die Fassung und ging ab. Der Beamte drohte, Herrn Hopp zu verklagen und wurde deshalb vom Inneren Schweinehund zum zweiten Mal gebissen.

Jetzt sprangen die ersten beiden Reihen schreiend auf und stiegen auf die hinteren Bänke. Darauf brach eine der Tribünen komplett zusammen. Die einen drängten zum Ausgang, die anderen verlangten, das Dromedar zu sehen. Das Chaos war komplett. Erst als Herr Hopp allen ihr Eintrittsgeld zurückgezahlt hatte, zogen sie ab und meinten: »Kann mal passieren.«

»Aber nein, das kann, das soll, das darf kein einziges Mal mehr passieren!«, zeterte Herr Hopp, wieder allein vor den Trümmern der Tribüne, die den Inneren Schweinehund begraben hatte, untröstlich über den nächsten leblosen Freund. Im Tumult hatte nämlich auch der zahnlose Olf seinen letzten Atemzug getan, und »etwas«, rief noch der Stallbursche aus dem Hintergrund, »stimmt mit den Ponys nicht«.

Was gäbe er jetzt für das offene Ohr seiner Frau!

»Sieh doch, wie unglücklich ich bin«, sagte er zu ihr. »War mein Glück denn so groß?«

»Verhältnismäßig«, sagte sie.

»Hab ich geschimpft, wenn mich das Okapi biss und Gerda staubte? Hab ich mich angestellt? Vor Sonnenaufgang war ich im Stall, andere lagen schon im Bett, da hab ich immer noch Stroh gewendet für die Ponys. Und was tun sie? Krank werden sie. Und krank werde ich. Vor Kummer ...«

»Einen Hund haben wir noch«, sagte seine Frau. »Wir könnten ihn den Äußeren Schweinehund nennen.«

»Was hilft mir ein Hund, und wenn es selbst der Äußere Schweinehund wäre, wenn mir die Freude am Leben fehlt?«

Herr Hopp schaukelte sich hoch, ein Donner und Doria machte er in seinem Kummer.

»Versteh doch«, sagte Helga. »Alles wandelt sich, und Glück ist immer flüchtig. Wenn es abwärts mit dir geht, wird ein anderer steigen. Bist du wichtiger als er? Hat er keine Kinder? Stehen nicht Tiere auch in anderen Ställen und möchten gestreichelt werden?«

Das war eine seltsame Art zu trösten. Sie machte ihn nur noch unglücklicher. Und Helga war noch nicht fertig: »Du glaubst, weil du einen Bauch hast, wirst du nie hungern? Du glaubst, wenn du ein Haus aus Steinen besitzt, können die Mauern nicht einstürzen und die Steine nicht zum Bau von neuen Häusern davongetragen werden? Du glaubst, wenn du ans Meer trittst, soll es nur glitzernd da liegen, sich aber nie erheben zu einer Welle, die alles wegschwemmt? Du träumst. Das ruhige Meer ist schön nur, weil wir wissen, es schläft, und sein Erwachen kann furchtbar sein!«

Herr Hopp traute seinen Ohren nicht.

»Was schimpfst du denn so mit mir und machst alles noch schlimmer? Siehst du nicht meine verweinten Augen?«

»Sie sind nicht zu übersehen, du nasses Hemd. Da drückt ihn sein Unglück ein einziges Mal, gleich soll das Meer sein Rauschen einstellen, damit alle Welt es hört: Dem hier, dem Hopp, ist ein Unrecht geschehen. Sein Leben will nicht, wie er es will.«

»Du verspottest mich, weil ich unglücklich bin? Verdient nicht alles Unglück Respekt? Soll ich zugrunde gehen, die Würmer meine Brüder nennen? Du tust ja, als sei mein Klagen über den Kummer schlimmer als der Kummer selbst! So lange ich schreie, glaube ich an einen, der hört und antwortet. Du antwortest zwar, aber deine Worte schmecken angebrannt, deine Ratschläge versalzen.«

Da hing der Haussegen also mächtig schief im Hause Hopp. Helga zog sich in die Zirkuskuppel zurück und schaukelte dort wütend hin und her, während ihr Mann wortlos die Manege fegte, bis sie sich wieder herabließ. Dann legte er seine Hand an ihre Wange und sagte hilflos: »Ich würde dir gerne Freude machen.«

Und sie erwiderte höhnisch: »Was für eine Freude soll das denn sein, du Komiker? Was soll es denn mit dir noch für ein Vergnügen geben?«

Da spazierte er ins Städtchen, gedankenschwer. Als er an Gottliebs Haus vorüberkam, stand Frau Margarete im Garten, sah seine Miene und sagte:»So lange Sie wachsen, Herr Hopp, sind Sie nicht verloren. Ihr Glück ist nur gerade müde. Also wachsen Sie!«

Darüber dachte er nach. Als er heimkehrte, waren die Ponys gestorben. Beim Zusammenbruch der Tribüne hatte sich der Schimpanse die Perücke einer Dame geschnappt und war auf Nimmerwiedersehen getürmt. Zuletzt hatte man ihn blond gelockt am Bahndamm gesichtet. Nun wollte die Dame ihr Haar zurück.

Und dennoch: War auch eine Tribüne zusammen- gebrochen, blieben doch zwei intakte. Waren auch einige Tiere verstorben und entlaufen, konnte man andere in ganz neue Nummern einbauen. Man musste nur das Okapi ein bisschen spektakulärer ankündigen. Den Flamingo könnte der Äußere Schweinehund auf einem Wägelchen in die Manege ziehen, zwischen den Artisten- nummern würde Herr Hopp Geschichten erzählen und Pico müsste auf der Geige »La Paloma Ade« spielen.

»Wir haben noch immer alle Möglichkeiten«, sprach Herr Hopp im Kreise der Seinen und klatschte so auf- munternd in die Hände, dass die anderen einfielen. So wurde die Vorstellung ein schöner Erfolg, und da weniger Zuschauer gekommen waren, reichten die beiden intakten Tribünen auch völlig aus.

Als Herr Hopp nach der Vorstellung unter dem mit Glühbirnen besetzten Schriftzug »Hopps Welt« den letzten Zuschauern »Auf Wiedersehen« nachlächelte, stand plötzlich Herr Gottlieb vor ihm. Der ärgerte sich, Hopp lächelnd zu sehen.

»Nun, Hopp, heute keine Hiobsnachrichten?«, fragte er. »Ihre Frau hat mir ja ganz furchtbare Sachen erzählt!«

»Ich weiß, schlechte Nachrichten reisen schnell«, sagte Herr Hopp und nahm sich vor, seine Frau mal zur Rede zu stellen.

»Sie sagt, erst haben Sie nicht genug kriegen können vom Leben, und jetzt ist Ihnen alles zu wenig.«

»Ich habe«, sagte Herr Hopp leise, »Rückschläge erlebt, ja. Aber ich glaube immer noch, es ist besser, wenn man zu einem Teil wenigstens auch für andere lebt, selbst wenn man vom Glück nicht belohnt wird.«

»Aber ein bisschen besser als andere möchten Sie sich schon dabei fühlen, oder?«

Herr Gottlieb drückte seinen ausgestreckten Zeigefinger in Herrn Hopps Bauch.

»Wie viele Tiere sind wohl in diesen Wanst gewandert? Haben Sie auch bei der Mutter nachgefragt, ob sie ihr Kalb hierfür opfern will? Oder ob der Affe den Käfig mag und der Hund übers Stöckchen springen will?«

»Was wollen Sie, Gottlieb«, seufzte Herr Hopp. »Bei mir ist es den Tieren oft besser gegangen als in der Natur. Bin ich morgens aufgestanden, um der Welt etwas zu nehmen? Nein. Habe ich nach anderer Leuts Wohl getrachtet? Das habe ich nicht.«

»Selbstgerecht sind Sie!«

»Die Erde schwebt nun einmal im Nichts. Lassen Sie mich doch hier etwas sein und etwas schaffen, das bleibt, weil es in der Erinnerung, im Leben anderer fortbesteht.«

Herr Gottlieb zog erst eine Grimasse und dann von dannen. Er war ärgerlich. Immer führte Herr Hopp höhere Standpunkte ins Feld, immer machte er aus ollen Kamellen wie der Lebensfreude oder der Nächstenliebe eine Mission so groß und wichtig wie die Erfindung des Beuteltees.

»Was für ein Schwindler ist er doch«, meinte Herr Gottlieb daheim zu seiner Frau. Margarete widersprach: »Er hat die Menschen bewegt und beschenkt. Sie meinen es ehrlich, wenn sie fragen: Wie geht's?«

»Heute fragt ihn keiner mehr«, sagte Gottlieb. »Hiob ist er, ein Unglücksvogel. Pech klebt an seinen Händen. Ich habe es allen gesagt und werde es weiter sagen.«

So zog er los, die unfrohe Botschaft zu verbreiten, und Stranzel und Ewig und Drisskötter, das »Perlhuhn«, halfen ihm dabei. »Jaja«, sagten die Leute, »er sieht aus wie der Ritter von der traurigen Gestalt.« »Seine guten Jahre sind vorüber.« »Er passt nicht mehr in unsere Zeit.« Solche Sachen sagten sie. So kann man immer reden. Herr Hopp aber baute sich mutig vor ihrem Stammtisch auf und sagte:

»Ihr könnt mir einen Ast abhacken und noch einen, ihr könnt mich sogar fällen, ich werde trotzdem frische Schösslinge treiben lassen, denn ich wurzele tiefer als euer Gift reicht. Ihr Armen! Welches Glück wäre je durch euch in die Welt gekommen?«

»Ganz schön dicke Lippe«, sagte Herr Gottlieb, »zumal für einen, dem gerade die Frau wegläuft.«

»Sie läuft nicht weg«, antwortete Herr Hopp überrumpelt, »wir sind aus unserer Liebe nur ein bisschen rausgewachsen.«

»Na, das ist ja originell«, spottete Herr Gottlieb, während die anderen nickten wie die Wackelaffen. »Sie ist schon weg, während wir hier reden, mit Sack und Pack, Kind und Kegel, Kaspar und Kasimir, abgehauen, durchgebrannt, verstehen Sie: fuccicato, winke winke!«

Dazu äffte er hässlich einen Abschied nach, zog sogar sein Taschentuch heraus und wedelte damit durch die Luft wie auf dem Bahnhof.

Als er aber nach Hause kam, fand Herr Hopp alles bestätigt: Die Räume leer, die Schränke geplündert, selbst der Äußere Schweinehund zog mit hängendem Schwanz herum, und der Zettel auf dem Küchentisch las sich: »Ich bin weg plus Kinder. Kannste mal sehen. Deine Helga.«

»Das ist nicht die Helga, die ich geheiratet habe«, zeterte Herr Hopp in den Kreis seiner Truppe hinein. »Nimmt denn mein Unglück kein Ende mehr? Womit hab ich das verdient?«

»Jetzt aber mal halblang«, sagte Pico. »Das ist 'ne Phase.«

»Nix Phase«, heulte Herr Hopp, der sich nicht mehr zusammenreißen konnte, »alle sterben oder machen sich aus dem Staub. Mein Unglück steckt an. Über kurz oder lang werdet ihr auch noch gehen und ich bleibe zurück.«

Das ließen sich die Trapezkünstler nicht zweimal sagen und packten zusammen. In ihrem Getuschel hörte man Sätze wie: »So lange er glücklich war, fand er, dass es gerecht zugehe in der Welt. Jetzt aber ...«

»Wird schon«, sagten sie zum Abschied.

Und Herr Hopp setzte sich in sein leeres Schlafzimmer und klagte zu sich selbst: »Wer soll dies auch lieben? Die Falten, die müde Haut, das Grau der Haare – wer soll dies umarmen wollen?«

Dennoch rappelte er sich wieder auf, um dem kleinen Publikum, das sich auf der einen Tribüne sammelte, etwas zu geben, das heiterer wäre als sein eigenes Leben. Er kam in Fahrt, rollte sein R und schnitt Grimassen. Pico bestritt einen Teil des Programms, indem er Fliegen fing und ins Publikum kletterte, der Flamingo stand ausdauernd auf einem Bein, der Äußere Schweinehund heulte den Mond an und auf dem Höhepunkt stolzierte das Okapi in die Manege, leckte sich die Lippen, pupste einmal und wollte gehen.

Die Kinder waren begeistert. Trotzdem hatte Hopp das Gefühl, sie waren nicht gekommen für die Tiere, die Kunststücke, die Clown-Nummern. Sie waren seinetwegen da und schauten auf sein Unglück mit bangem Interesse. Selbst das Okapi war stehen geblieben und blickte ihm so unverwandt in die Augen, bis ein halbwüchsiger Rüpel rief: »Mach Hoppchen auf Hiob!« Als das Gelächter gleich dreist und allwissend aufflammte, sorgte Herr Hopp für ein rasches Ende der Vorstellung. Im Dunkel der Manege allein, kniete er sich dann nieder und umarmte sein Okapi, das ihm mit blauer Zunge die Tränen vom Gesicht leckte.

Anderntags hatte sich die blaue Zunge des Okapis schwarz verfärbt, und während das Tier zitternd im Sand lag, als galoppierte es hinter geschlossenen Augen durch die heimatlichen Regenwälder des Kongo, schüttelte der Arzt besorgt den Kopf und sprach von einem Infekt, der sich auch auf Menschen übertragen könne. Ob Herr Hopp das Okapi berührt hatte? Wer, wenn nicht er! Und so waren denn, als man das arme Tier nachmittags begrub, die roten Pusteln auf Hopps Gesicht das sichtbare Erbe der blauen Zunge. In seiner Grabrede gebrauchte er die Indianerredensart, das Okapi sei »in die Ewigen Jagdgründe« gegangen, und einige fragten sich: Wann folgt er?

Als er zur abendlichen Vorstellung in die Manege trat, sah Herr Hopp aus wie ein Aussätziger. Die Kinder nahmen sicherheitshalber auf den hinteren Bänken Platz, von wo sie ihn fasziniert, aber angewidert anstarrten, bis Pico ihn hinter die Manege geleitete, allerdings ohne ihn anzufassen.

Hiob weinte in Gedanken an sein Okapi und klagte: »Seine Würmer trage nun ich zu Grabe, und wie sehe ich aus! Keine Frau schaut mich an, die Kinder wollen, dass ein anderer in der Manege steht, mein Gesicht macht ihnen Angst. So lange schon trage ich das Kleid meiner Haut. Warum will selbst sie mich jetzt loswerden? Mein Bett ist mein Zeuge, ich weine jede Nacht, und vor meinen Träumen habe ich Angst. Ich lebe wie ein Sträfling und weiß nicht mal, was ich verbrochen habe.«

»Auch ich hätte nichts gegen mehr Dolce Vita«, erwiderte Pico. Aber er blieb. Der Flamingo stand noch aufrecht, und der Äußere Schweinehund tobte noch rum, zu allen Schandtaten bereit. Draußen aber verbreitete Herr Gottlieb, die Ställe des Herrn Hiob seien eine Brutstätte der Krätze, und alle Welt befände sich auf der Flucht vor »Hopps Welt«.

Schlich der Bedauernswerte heute durch die Stadt, schrien die Rüpel hinter ihm her: »Du Opfer!« Sie schmissen mit Steinen seine Glühbirnen aus, traten ihm den Zaun vor dem Haus ein. Sie warfen Abfall in seinen Garten. Sie machten ihn nach. Das Glück war eine Wolke, die der Wind über den Himmel davongetragen hatte.

Hiob schaute ihr nach, und einmal erkannte er den Flamingo, wie er in dieser Wolke, so schien es, das Weite suchte.

Jetzt geht der geschlagene Mann nur noch nachts durch die Stadt, und manchmal hört er von hinter der Zeltwand zu, wenn Pico seine Show eröffnet. Alle lachen, Hiob nicht. Er hat eine Sprache für sein Unglück, das ja, aber wenn er sie spricht, hört niemand zu.

An einem Abend, die Manege liegt dunkel und leer, tappt er vor die verlassenen Tribünen. Da steht er, der früher mit Frack und Zylinder und großer Gebärde sein R rollen und seine Peitsche knallen ließ, jetzt ein gebrechlicher, einsamer Mann, und flüstert: »Ich muss meine Zunge hüten, dass ich nicht herausschreie, was ich über dies Leben denke, es ist ... kein Leben ist das! Warum bin ich nicht gestorben bei meiner Geburt?«

»Hiob«, antwortet ihm da eine Stimme aus dem Dunkel, »sei ohne Sorge. Du hast deine Sache gut gemacht. Die Heiteren haben mit dir gelacht, als du stark warst. Die Traurigen haben sich erkannt in deiner Klage. Immer warst du, zu einem Teil deines Lebens, für alle da. Das war gut.«

Margarete sitzt ganz allein auf der Tribüne und kann so sprechen, weil ihr Auge aus der Ferne immer über ihn wachte. Sie wird Herrn Gottlieb verlassen und mit Viola in »Hiobs Welt« einziehen. Sie werden den Zirkus neu erschaffen, mit unbekannten Tieren, anderen Artisten, kühnen Nummern, und Menschen werden anreisen von weit her, um ihn zu sehen. Pico wird eines Tages die Geschäfte übernehmen, und wenn dann der Alte zwischen Kindern und Enkeln da sitzt, wird man ihn gern und respektvoll bei seinem wahren Namen »Hiob« nennen.

Ist das wahr?

Nein, so würde es vielleicht im Märchen enden. Im Leben war es mühevoller, und manchmal musste Herr Hiob immer noch weinen. Aber einmal hat er in der leeren Manege nur für sich ein schwankendes Dromedar gespielt, das sich anlehnen muss. Von der dunklen Tribüne aus aber hatte Viola zugeschaut, geklatscht und gerufen: »Prost Gemeinde, der Vorstand ist besoffen!«

Da hat sich der Alte verbeugt, satt vom Leben, reich an Erfahrung, und, wie Viola fand, ein Mensch, so schön wie ein Baum, der in allen Wettern gestanden hat.

DIE AUTORINNEN UND AUTOREN

SIBYLLE BERG *Die Schriftstellerin Sibylle Berg überrascht immer wieder mit einem liebevollen Blick auf ihre schonungslos ehrlich beschriebenen, gescheiterten Figuren. Sie schreibt Romane, Essays, Kurzprosa und Theaterstücke und ist u.a. Kolumnistin bei „Spiegel online". In ihrem neuen Roman „Der Tag, als meine Frau einen Mann fand" stellt Sibylle Berg die Frage, die alle Paare irgendwann einmal beschäftigt: Ist Sex lebensnotwendig? Oder doch eher die Liebe?*

ALINA BRONSKY *Alina Bronsky wurde 1978 in Jekaterinburg auf der asiatischen Seite des Urals geboren. Ihr Debütroman »Scherbenpark« wurde für den Deutschen Jugendliteraturpreis und zahlreiche andere Preise nominiert, ihr zweites Werk »Die schärfsten Gerichte der tatarischen Küche« stand auf der Longlist zum Deutschen Buchpreis 2010. Alina Bronskys Bücher wurden in 15 Sprachen übersetzt.*

THOMAS BRUSSIG *Thomas Brussig wurde 1964 in Berlin geboren. Nach einer Ausbildung zum Baufacharbeiter mit Abitur und dem Grundwehrdienst arbeitete er u. a. als Möbelträger, Museumspförtner und Hotelportier. Den Durchbruch als Schriftsteller hatte Thomas Brussig 1995 mit seinem Roman »Helden wie wir«. Seine Bücher, die oft durch Witz, Komik, Humor sowie ein Interesse für das Absurde und Bizarre auffallen, beschäftigen sich immer wieder mit Menschen, die unter den Bedingungen des Realsozialismus aufwuchsen. Brussigs Bücher wurden bisher in 32 Sprachen übersetzt.*

ANNE BUHRFEIND *Anne Buhrfeind ist stellvertretende Chefredakteurin bei chrismon. Davor war sie stellvertretende Chefredakteurin »Gala« und »woman« in Hamburg.*

ARNO GEIGER *Arno Geigers Freude am wilden Jona ist in jeder Zeile seiner Nacherzählung der alttestamentlichen Prophetengeschichte zu spüren. Seine Romane und Erzählungen wurden vielfach ausgezeichnet. In der edition chrismon veröffentlichte er 2008 die Erzählung »Im Boot mit Madonna« im gleichnamigen Sammelband mit Erzählungen zu den Zehn Geboten.*

WLADIMIR KAMINER *Wladimir Kaminer, 1967 in Moskau geboren, lebt seit 1990 in Berlin Prenzlauer Berg. Privat ein Russe, beruflich ein deutscher Schriftsteller, ist er die meiste Zeit unterwegs mit Lesungen und Vorträgen. Mit seinen beiden Erzählbänden »Militärmusik« und »Russendisko« wurde er international bekannt.*

MARGOT KÄSSMANN *Margot Käßmann ist »Botschafterin des Rates der EKD für das Reformationsjubiläum 2017«, kurz »Reformationsbotschafterin«. Die ehemalige Ratsvorsitzende der Evangelischen Kirche in Deutschland (EKD) lehrte zuvor als Gastprofessorin an der Ruhr-Universität in Bochum Sozialethik und Ökumene. Margot Käßmann ist Autorin mehrerer Bücher in der edition chrismon.*

CLAUDIA KLEINERT *Claudia Kleinert, geboren 1969, präsentiert das Wetter in der ARD, ist Bankkauffrau, Betriebswirtin, Fernsehmoderatorin – und zeigt mit ihrem literarischen Erstling, welch fantastische Geschichten hinter den Radarschirmen lauern.*

ROGER WILLEMSEN *Roger Willemsen studierte Germanistik, Kunstgeschichte und Philosophie und arbeitete nebenher als Nachtwächter, Reiseleiter und Museumswärter. Eine Universitätslaufbahn gab er zugunsten seiner Tätigkeit als freier Autor auf. Seither ist er Essayist, Kulturkritiker, Filmemacher und Moderator. Für seine Werke wurde er mehrfach ausgezeichnet, u. a. mit dem Grimme-Preis in Gold und dem Bayerischen Fernsehpreis.*

Bibliografische Information der Deutschen Nationalbibliothek
Die Deutsche Nationalbibliothek verzeichnet diese Publikation
in der Deutschen Nationalbibliografie; detaillierte bibliografische
Daten sind im Internet über http://dnb.d-nb.de abrufbar.

Umschlaggestaltung: Lisa Fernges
Gestaltung und Satz: Lena Gerlach
Druck und Bindung: CPI books GmbH, Leck

ISBN 978-3-86921-290-6